# RENÉ FREUND
# BRAUNE MAGIE?

RENÉ FREUND

# BRAUNE MAGIE?

## OKKULTISMUS, NEW AGE UND NATIONALSOZIALISMUS

PICUS VERLAG WIEN

Gedruckt mit freundlicher Unterstützung des Bundesministeriums
für Wissenschaft, Forschung und Kunst in Wien

Die Deutsche Bibliothek – CIP-Einheitsaufnahme

*Freund, René:*
Braune Magie? : Okkultismus, New Age und
Nationalsozialismus / René Freund.- Wien: Picus Verl., 1995
ISBN 3-85452-271-1


Umschlagfoto: Berlin, 21. Juni 1938,
Bildarchiv der Österreichischen Nationalbibliothek
Druck und Verarbeitung: Remaprint, Wien
ISBN 3-85452-271-1
Printed in Austria

# INHALT

# EINLEITUNG

»Wir müssen den Kult erneuern, der alten Germanen«[1], notierte der Gefreite und Parteiredner Adolf Hitler im Jahr 1920, kurz nach der Gründung der NSDAP.
Wohin diese vermeintliche Erneuerung des Kults der »alten Germanen« führte, ist weitgehend bekannt.
Nicht bekannt sind die Ursachen der Katastrophe, die sich in den folgenden Jahren anbahnte. Alle möglichen Erklärungen für das Unfaßbare wurden gesucht: Wirtschaftliche, politische, historische, religionskritische, psychologische. Und alle diese Erklärungen trugen zur Klärung irgendwie bei.
Mit der Verbreitung des New Age in den letzten Jahren tauchten immer häufiger Bücher und Zeitschriften auf, die den Nationalsozialismus esoterisch zu interpretieren versuchten – also von einem »geheimen Wissen« ausgehend, das nur wenigen »Eingeweihten« vorbehalten sein soll.
Da heißt es etwa, eine Geheimgesellschaft habe Hitler und die NSDAP entscheidend gefördert. Zusammenhänge zwischen Nationalsozialisten, Theosophen und neuheidnischen Bünden wurden gesucht und gefunden. Verbindungen Hitlers mit dem Ariosophen Lanz von Liebenfels oder dem Magier Aleister Crowley wurden nachgewiesen oder konstruiert.
Natürlich lieferten auch die führenden Nazis selbst reichhaltigen Stoff für einschlägige Vermutungen: Der Chefideologe der Partei, Alfred Rosenberg, schwärmte von Atlantis und mittelalterlicher Mystik. Rudolf Heß, der Stellvertreter des

Führers, interessierte sich brennend für Hellseherei und Okkultismus. SS-Führer Heinrich Himmler war von den Ideen besessen, einen Orden zu gründen und Gold herzustellen.
Und Hitler selbst erscheint, auch in den Augen mancher seiner Zeitgenossen, als dämonischer Hypnotiseur, als schwarzer Magier des Dritten Reichs.
Diese und andere Tatsachen oder Behauptungen sollen im folgenden Buch erläutert, dokumentiert und, wenn möglich, in die richtigen Zusammenhänge gestellt werden.
Das ist ein heikles Unterfangen, denn in der einschlägigen Literatur über die »braune Magie« verwandelten sich allzu leicht handfeste Fakten in geheimnisvolle Vorgänge in irgendwelchen magischen Welten. Die Realität der Geschichte wurde zum vorherbestimmten Walten des Schicksals, der freie Mensch zur Marionette verborgener Mächte.
Kein Wunder, daß die Beschäftigung mit dem Einfluß des Okkultismus auf den Nationalsozialismus sehr umstritten ist: Dieser Einfluß wird in der Literatur entweder überhaupt nicht erwähnt, als nicht vorhanden geleugnet oder maßlos übertrieben – letzteres meist im Sinne einer gewollten oder ungewollten Mythologisierung des Nationalsozialismus und insbesonders der Person Hitlers.
Auffällig beim Studium einschlägiger Bücher ist auch, wie sehr die verschiedenen Autoren, ohne irgendwelche Quellen zu nennen, einander beeinflussen – um es milde auszudrücken. Von den »Urvätern« der Nazi-Okkult-Literatur, Louis Pauwels und Jacques Bergier[2], bis zu den heutigen Publikationen ähnlichen Stils zieht sich eine Reihe von Irrtümern, Lügen, Verdrehungen und Erfindungen, die alle geeignet sind, den »Mythos Hitler« weiterzukultivieren – und natürlich auch das Geschäft damit.
Wenige Bücher sind dabei auszunehmen: Etwa die seriöse, aber vergriffene Untersuchung von Peter Orzechowski mit

dem Titel »Schwarze Magie – Braune Macht«; oder die hervorragend recherchierten Werke des Autorenduos Eduard Gugenberger und Roman Schweidlenka, die in »Mutter Erde, Magie und Politik« und in »Die Fäden der Nornen« die Verflechtung von Faschismus und mythologischem Denken dokumentierten.

Das vorliegende Buch geht auf meine von Prof. K.R. Fischer (Wien) betreute philosophische Dissertation über die Einflüsse des Okkultismus auf die nationalsozialistische Weltanschauung zurück.

Es handelt von der Verflechtung zweier Erscheinungen, über die man eigentlich gar nicht schreiben kann. Denn ob es eine einheitliche nationalsozialistische Weltanschauung überhaupt gab, ist fraglich. Zu groß waren die äußeren und inneren Widersprüche, die Unterschiede zwischen Privatansichten: »Innerhalb der NSDAP gab es stets konkurrierende Stimmen, die den ›wahren Nationalsozialismus‹ zu definieren suchten: ihre Kämpfe wurden nie eindeutig entschieden und waren auch nicht eindeutig entscheidbar.«[3] (George Leaman).

Dennoch gibt es eindeutige Merkmale der NS-Ideologie: Etwa Führerkult, antidemokratisches Hierarchiedenken, Rassismus, Antisemitismus oder das Streben nach der Weltherrschaft.

Auch der Begriff Okkultismus erweist sich als verschwommen. Er leitet sich vom lateinischen »occultum« ab, was soviel bedeutet wie verborgen, geheim. Das heißt, daß das Okkulte sich naturgemäß dem Auge des Betrachters entzieht. In dieser Hinsicht bergen natürlich alle »okkulten Veröffentlichungen« einen Widerspruch in sich.

Okkultismus wird daher im folgenden als Sammelbegriff verwendet, und zwar für:

· alle Arten esoterischer Geheimbünde oder Sekten, von den

Ursprüngen des abendländischen Okkultismus, dem Gnostizismus, über das Rosenkreuzertum bis hin zur Theosophie, um nur einige zu nennen;

· alle klassischen oder neuen okkulten Lehren, also etwa Alchemie, Astrologie, Geomantie oder Magie, wobei auch naturreligiöse Strömungen wie etwa das Neuheidentum, die sich dieser Lehren bedienen, einbezogen werden.

Die moderne, von der New-Age-Bewegung ausgehende Unterscheidung von Esoterik und Okkultismus, wonach der Okkultismus den »dunklen«, die Esoterik aber den »hellen« Bereich der Lehre darstellte[4], wird nicht übernommen. Okkultismus ist esoterisch – und umgekehrt.

Der Okkultismus stellt, wir werden es sehen, einen untergründigen, aber beständigen Teil abendländischer Geistesgeschichte dar. Er steht unter anderem für das verdrängte, wegrationalisierte, das »unzivilisierte« Europa, das Max Horkheimer und Theodor W. Adorno so schilderten: »Unter der bekannten Geschichte Europas läuft eine unterirdische. Sie besteht im Schicksal der durch Zivilisation verdrängten und entstellten menschlichen Instinkte und Leidenschaften. Von der faschistischen Gegenwart aus, in der das Verborgene ans Licht tritt, erscheint auch die manifeste Geschichte in ihrem Zusammenhang mit jener Nachtseite, die in der offiziellen Legende der Nationalstaaten und nicht weniger in ihrer progressiven Kritik übergangen wird.«[5]

Die Geschichte, auch die eigene, private, lehrt, daß Ereignisse, die oft weit zurückliegen und längst vergessen scheinen, plötzlich wieder machtvoll in Erscheinung treten. Die »Nachtseite« tritt plötzlich an das Tageslicht.

Vielleicht war so etwas Ähnliches auch beim Nationalsozialismus der Fall.

Ein Ausflug in die Vergangenheit könnte jedenfalls lohnend sein.

# ERSTER TEIL: MÄCHTE, DIE BEGRABEN SCHIENEN

*»Folge dem Rade des Lebens, folge dem Rade deiner Pflicht gegenüber Rasse und Geschlecht, gegen Freund und Feind, und verschließe dein Gemüt sowohl der Lust als auch dem Schmerz.«*

Ein Satz aus einer Hitler-Rede? Ein Zitat aus einem SS-Handbuch? Man könnte es meinen.

Es handelt sich jedoch um einen Auszug aus einer Schrift mit dem besinnlichen Titel »Die Stimme der Stille«[6]. Die Autorin des Werkes, die gebürtige Ukrainerin Helena Petrowna Blavatsky (1831-1891), gründete am 17. November 1875 die »Theosophische Gesellschaft« und damit den Ausgangspunkt der meisten okkultistischen Strömungen des späten 19. und des 20. Jahrhunderts bis heute. Kein Wunder, daß H.P.B., wie sich Blavatsky selbst mit Vorliebe nannte, in einschlägigen Kreisen als »bedeutendste Okkultistin des 19. Jahrhunderts« bezeichnet wird.[7]

## Theosophen, Heilige und Verrückte

Obwohl die angeblich medial veranlagte Blavatsky als Person sehr umstritten war und im Zusammenhang mit spiritistischen Sitzungen, aber auch mit Betrugsaffären öfters gerichtlich verfolgt wurde, verbreitete sich die Theosophie sehr schnell vom Stammsitz der Gesellschaft im indischen

Adyar über die ganze Welt. Allein in Deutschland, wo H.P.B. ihr Hauptwerk, »Die Geheimlehre«, zu schreiben begonnen hatte, gab es am Anfang des 20. Jahrhunderts nicht weniger als acht rein theosophische Zeitschriften.[8] Hier taucht auch das Hakenkreuz als theosophisches Symbol auf. Wie die meisten »Geheimlehren« unternimmt die Theosophie zwar die Gestaltung eines neuen esoterischen Systems, bedient sich dabei aber der verschiedensten Quellen. Das auffälligste an Blavatskys Wirken ist, daß sie die erste war, die östliche und westliche Weisheitslehren zu einem System vereinigte. Sie berief sich dabei ebenso auf die frühen Rosenkreuzer, die Alchemisten und die mittelalterlichen Theosophisten wie auf altindisch-vedische Religionen und den tibetanischen Buddhismus.

Blavatskys Schriften verbreiteten sich nach ihrem Tod sehr schnell. Offensichtlich kamen ihre Ideen der Grundstimmung der Zeit entgegen. Diese Ideen fanden sich auch bei anderen politischen, religiösen und gesellschaftlichen Bewegungen der ersten beiden Jahrzehnte unseres Jahrhunderts wieder: Eine Endzeitstimmung, gepaart mit unbestimmten Erlösungssehnsüchten, ein ausgeprägter Führerkult und ein Hang zur Mystik. Allerorten gab es größere und kleinere Propheten dieser Endzeitstimmung mit ihren Stammtischen, Journalen und Schulen, ein Indiz auch für die Krise des kirchlichen Christentums. »Fast jede größere Stadt verfügte über einen oder sogar mehrere ›Heilande‹«, schreibt Rüdiger Safranski in seiner Heidegger-Biographie über die ersten Jahre der Weimarer Republik.

> *»In Karlsruhe gab es einen, der sich ›Urwirbel‹ nannte und seinen Anhängern Teilhabe an kosmischen Energien versprach; in Stuttgart trieb ein ›Menschensohn‹ sein Wesen, der zu erlösendem vegetarischen Abendmahl einlud; in Düsseldorf predigte ein neuer Christus den nahen*

*Weltuntergang und rief zum Rückzug in die Eifel auf. In Berlin füllte der ›geistige Monarch‹ Ludwig Haeusser große Säle, wo er die ›allerkonsequenteste Jesus-Ethik‹ im Sinne des Urkommunismus forderte, die Liebesanarchie propagierte und sich selbst als ›Führer‹ anbot …«*[9]

An den Nationalsozialisten gingen diese sogenannten »Inflationsheiligen« mit ihrem verschwommenen Streben nach »Ganzheit« nicht spurlos vorüber. Die »Schriftführer« der NS-»Kampfzeit« zogen immer wieder über sie her – wobei allerdings ein gewisses Konkurrenzdenken auch eine Rolle gespielt haben dürfte.

Alfred Rosenberg, in den zwanziger Jahren Chefredakteur der NSDAP-Zeitung »Völkischer Beobachter«, berichtet etwa von der großen Popularität der »Schule der Weisheit« des Okkultisten Hermann Graf Keyserling.[10] Selbst in der Partei gab es Persönlichkeiten wie etwa Artur Dinter, der ganz offen »seine sogenannte Geistlehre mit spiritistischen Anschauungen« verband, wie Rosenberg spöttisch vermerkt.[11]

Aber auch ein verläßlicher Beobachter wie Kurt Tucholsky kritisiert, »wie die Mystik zahnbürstengleich verschleißt wird, wie sich statt echter Religiosität und Ehrfurcht im Vorderhaus Herr Keyserling und im Hinterhaus Okkultisten breit machen […].«[12]

Die Anhänger der Theosophie, der »Gottesweisheit«, betrachteten sich dagegen gerade als Vertreter »echter Religiosität« im Gegensatz zur kirchlichen, da sie den direkten Zugang zur Göttlichkeit mittels Erleuchtung oder Offenbarung predigten. Damit stehen sie in der Tradition der historischen Gnostiker (Manichäer, Katharer), die ebenfalls die Spaltung von Glauben und Wissen überwinden wollten.

Ihre Bücher, die immer wieder neu aufgelegt wurden und werden, bezeichnete H.P.B. meist als Übersetzungen –

Übersetzungen von Werken aus geheimnisvollen und nur Eingeweihten zugänglichen Bibliotheken in Tibet und im Himalayagebiet.
Das wichtigste dieser angeblich streng esoterischen Werke sind die »Bücher des Dzyan«, auf viereckige Tafeln aus Gold in uralten Schriftzeichen eingraviert. Blavatsky behauptete, 90 dieser Originaltafeln in einer Felsenbibliothek in Tibet gesehen zu haben.[13] Es gelang ihr anscheinend, einige dieser Tafeln auswendig zu lernen, denn die Anfertigung von Kopien war nicht gestattet.
Bemerkenswert ist in diesem Zusammenhang das große Interesse der Nationalsozialisten an Tibet. Es findet seine Entsprechung in der starken Popularität östlicher Lehren seit 1968 – es scheint so, als suchte man anderwertig, was man zu Hause nicht mehr finden konnte: Eine Geistigkeit, die das im Dogmatismus erstarrte Christentum für viele nicht mehr bieten konnte.
Die vorgeschichtlichen und sprachwissenschaftlichen Forschungen in Tibet waren eine besondere Leidenschaft Heinrich Himmlers. Im April 1938, als man in Deutschland wahrlich andere Sorgen hatte, startete eine deutsche Forschergruppe unter dem Namen »SS-Expedition Schäfer« in den Himalayastaat.[14] Auch soll es in Berlin gerüchteweise vor und während der Nazi-Herrschaft eine große tibetanische Kolonie gegeben haben, die mit Hitler in den Freitod gegangen sein soll.[15] Es dürfte allerdings ebenfalls ins Reich der Kolportage gehören, daß über diese Kolonie selbst in den Zeiten des Zweiten Weltkriegs die Verbindung zu mönchischen Geheimgesellschaften Tibets aufgenommen wurde. Als Code für die geheimen Funksprüche, so wird behauptet, sollen die Bücher des Dzyan gedient haben.[16]
Jedenfalls bildeten diese Bücher geheimer oder dubioser Herkunft die Grundlage für Blavatskys Schriften »Die

Stimme der Stille«, »Isis entschleiert« und für ihr Hauptwerk, »Die Geheimlehre«. Es steht hier eigentlich nicht zur Debatte, ob es sich bei diesen »Originaltafeln«, die Blavatsky inspirierten, um »Fälschungen« handelte – wie von Feinden behauptet wurde – oder nicht. Interessant ist vielmehr der Inhalt ihrer Schriften: Die Berufung auf »uraltes Wissen« und der Glaube an die bedingungslose Macht eines Führers finden sich in den meisten okkulten Gesellschaften wieder.

In dieses Schema reiht sich auch die autoritär ausgedeutete Übernahme der indischen Kastenlehre, auf die sich Blavatsky immer wieder in Zusammenhang mit der Karmalehre beruft. Was in Indien als überliefertes soziales Gefüge vielleicht seine Berechtigung haben mag, wurde in Europa losgelöst von allen religiösen oder geschichtlichen Hintergründen übernommen. Die Kastenlehre diente als willkommene esoterische Rechtfertigung für die Bildung einer Brahmanenschicht, die über Leben und Tod der von ihr bestimmten Parias (oder Tschandalas, ein Begriff, der später von Lanz von Liebenfels gebraucht wurde) willkürlich entscheiden durfte.

Dennoch wäre es mehr als übertrieben, aus den Theosophen Vorläufer des Nationalsozialismus machen zu wollen, wenngleich Hitler durch seinen Münchner Förderer Dietrich Eckart, einen Okkultisten und Kenner der esoterischen Szene, mit den Inhalten der Theosophie vertraut gemacht worden sein könnte.

Eckart, später erster Chefredakteur des Völkischen Beobachters, Verfasser einer vielgespielten Peer Gynt-Übersetzung und okkulter Schriftsteller mit einer Vorliebe für indische Philosophie und mittelalterliche Mystik[17], war Hitlers erster Mentor in München; er führte den arbeitsscheuen Soldaten in die Gesellschaft ein, besorgte ihm anständige

Kleidung, brachte ihm Umgangsformen bei und gab ihm Sprachunterricht.[18]

Ob die beiden auch über Theosophie geredet haben, wissen wir nicht. Es ist allerdings für die Untersuchung einiger Teilgebiete der nationalsozialistischen Weltanschauung lohnend, die geistigen Grundlagen okkulter Gesellschaften wie eben der theosophischen zu studieren. So heißt es etwa in den ersten Zeilen des bereits zitierten Buches »Die Stimme der Stille«:

*»Der Verstand ist der große Schlächter des Wirklichen. Der Jünger muß den Schlächter töten.«*[19]

Ganz ähnlich geht es weiter:

*»Gib dein Leben auf, wenn du leben willst.«*[20]

*»Wohl kann das Gewand dessen, der im Unendlichen aufgeht, ewiges Licht bringen. Dieses Gewand allein führt zu jener Vollkommenheit, die Zerstörung jeder irdischen Verbundenheit bedeutet; es beendet den Kreislauf der Geburten, aber, o Jünger, es vernichtet auch – das Mitleid.«*[21]

*»Töte die Liebe zum Leben!«*[22]

*»Laß alle deine Sinne zu einem Sinn verschmelzen, wenn du gegen den Feind gesichert sein willst.«*[23]

Was hier in einem religiösen oder philosophischen Zusammenhang steht, wurde im Blutmythus eines Alfred Rosenberg und im Selbstverständnis der SS zur erschreckenden Wirklichkeit.

Auch Blavatskys Hauptwerk »Die Geheimlehre – Das Heilige Buch der Theosophischen Bruderschaft« – handelt vom Kult der Rasse, des Blutes, des Übermenschen und der Ich-Auflösung. Es ist in drei Abschnitte gegliedert: Kosmogenesis, Anthropogenesis und Esoterik.

Nordische und östliche Schöpfungsmythen spielen in dem unzugänglichen Werk eine große Rolle, wobei die Untertelung der Menschen in verschiedene Rassen ungleicher Herkunft und ungleichen Wertes unternommen wird. Blavatsky begnügt sich aber mit ihren rassistischen Behauptungen, im Unterschied etwa zu den Vernichtungsphantasien eines Lanz von Liebenfels, dessen »Anthropozoon Biblicum« stellenweise anmutet wie eine radikalisierte, weil christlich gefärbte Bearbeitung der »Geheimlehre«. Ich werde später noch auf Lanz zurückkommen.

Andere Elemente der »Geheimlehre« weisen auf die klassischen Inhalte okkulter Lehren hin: Die schon auf den »Vater des Okkultismus«, Hermes Trismegistos, zurückgehende Analogie von Makrokosmos und Mikrokosmos. Ferner eine im Gegensatz zur dualistischen christlichen Gnosis monistische Weltsicht (alles geht auf ein »Absolutes« zurück, das gleichzeitig Sein und auch Nicht-Sein ist), gepaart mit Pantheismus – alles ist, alles im Kosmos hat göttliches Bewußtsein, es gibt keine unbelebte Materie.

Blavatskys Lehre war nicht nur für Okkultismus und Neuheidentum von großer Tragweite, sondern auch für Schriftsteller wie Hermann Hesse und William Butler Yeats.

Über Yeats, der Mitglied des englischen Ordens »Golden Dawn« war[24], ist wohl auch der Magier Aleister Crowley, späterer Großmeister des Golden Dawn und Kultfigur auch der heutigen Esoterikszene, mit Blavatskys Lehren bekannt geworden.

Crowley und vor allem sein »Buch der Gesetze« werden immer wieder mit dem Nationalsozialismus in Zusammenhang gebracht. Tatsächlich weisen einige Aussagen Crowleys (»Zertrete die Verdammten & die Schwachen: so will es das Gesetz des Starken. […] Es gibt kein Gesetz außer: Tu was du willst! […] Sei stark, Mensch!«[25]) Gemeinsamkeiten mit manchen Aussprüchen Hitlers auf.[26] In beiden Fällen geht es um die Verneinung der Moral, die Forderung nach Gewalt und den absoluten Vorrang des Willens. Dennoch wäre es willkürlich, Crowley als Ideenlieferanten Hitlers zu bezeichnen. Auch ist es sicher ein Fehler, Crowleys verschlüsselte Schriften programmatisch zu interpretieren.

Dennoch versuchten manche Autoren, geschichtliche Verbindungen herzustellen. Crowley war seit 1912 Mitglied der »deutschen Sektion« des Orientalischen Templerordens (O.T.O. = Ordo Templi Orientis)[27], mit dessen Oberhaupt Theodor Reuß er lange in Kontakt stand. In der einschlägigen Literatur taucht immer wieder die Behauptung auf, daß über die Vermittlung von Hitlers Mentor Dietrich Eckart führende Nazis der ersten Stunde in rituelle Praktiken wie etwa die Sexualmagie eingeweiht worden sein sollen – Praktiken, die angeblich aus der Tradition des O.T.O. stammten.

Doch solange keinerlei Anhaltspunkte oder Beweise auftauchen, gehören Vermutungen wie diese ins Reich der Legenden. Dabei gäbe es über die tatsächlichen Jünger der Crowley-Schule genug zu berichten. Ron Hubbard, Gründer der Church of Scientology, gehörte zu ihnen.[28]

Wie man sieht: Die Saat von Blavatsky und ihrer Theosophischen Gesellschaft ging auf und erzeugte neue Lehren, Orden und Verbindungen. Innerhalb der Theosophischen Gesellschaft selbst entstanden Abspaltungen wie etwa die »Liberal-Katholische Kirche« oder die »Archan-Schule«, die das Gedankengut ebenfalls weiterverbreiteten. Auch die gegenwärtige »New Age«-Bewegung beruft sich auf Blavatsky und die Theosophie:

> *»Wer aber von den unzähligen Menschen, welche die Resonanz dieser neuen Energien verspüren und deren Interesse an dem uralten Wissen neu geweckt wird, ist sich bewußt, daß das üppige Wachstum des immer mehr bunte Blüten treibenden New-Age-Baumes auf die Lei-*

*stung einer einzigen Persönlichkeit zurückgeführt werden kann: auf Helena Petrowna Blavatsky, gewissermaßen die Stammutter eines neuen Äons.«*[29]

Der wahrscheinlich berühmteste historische »Ableger« der Theosophie ist aber zweifellos die von Rudolf Steiner gegründete Anthroposophie. Manch heutiger Anthroposoph wird sich vielleicht wundern, diese im Zusammenhang mit dem Nationalsozialismus genannt zu sehen.

## Rudolf Steiner oder: Geheime Gesellschaften im offenen Streit

Tatsächlich aber war Rudolf Steiner (1861-1925) eine viel hintergründigere Persönlichkeit, als dies seine heutigen Anhänger und die lieblich anmutenden Waldorf-Schulen vermuten lassen.

Rudolf Steiner war nicht nur Generalsekretär der Theosophischen Gesellschaft in Deutschland, sondern soll auch Großmeister des bereits erwähnten Orientalischen Templerordens Ordo Templi Orientis (O.T.O.) gewesen sein – und damit direkter Vorläufer des »magischen Tieres« Aleister Crowley.[30]

Innerhalb der Theosophischen Gesellschaft, soviel steht fest, kam es im Jahre 1912 zu einem Streit: Die Leiterin der Gesellschaft im indischen Adyar, die bekannte Okkultistin Annie Besant, rief den damals dreizehnjährigen Jiddu Krishnamurti zum »Weltenlehrer« aus und gründete für ihn »Den Orden des Sterns im Osten«.[31] Das paßte Rudolf Steiner, dem Großmeister in Deutschland, gar nicht.

Im Jahre 1913 gründete Steiner deshalb die »Allgemeine Anthroposophische Gesellschaft« (Neugründung 1923), als deren Zentrum er später in Dornach bei Basel das sogenann-

te »Goetheanum«, eine »Hochschule für Geisteswissenschaft«, bauen ließ.
Die heute weit verbreitete Anthroposophie, die man als (von Goethe inspirierte) Lehre von einem Wissen über Kräfte, die das Erscheinungsbild unserer Welt bedingen, durch »Wesensschau« bezeichnen könnte, steht zweifellos in der esoterisch-okkulten Tradition.
Steiner entwickelte auch eine eigene, an Blavatsky erinnernde Lehre von den »Wurzelrassen«. Allerdings unterließ er es, diese verschiedenen Wurzelrassen unterschiedlich zu bewerten. Für »Wurzelrassen-Apartheid« war er nicht zu haben. Im Gegenteil, die Volksstämme sollten sich vermischen, um die verschiedenen »Volksseelen« zu befruchten.[32]
Trotz der eindeutigen Herkunft seiner Ideen wollte Steiner nicht als Okkultist betrachtet werden:

> *»Man meint, wenn man das Wort geheim oder okkult ausspricht, und auf irgendetwas Geheimes oder Okkultes hinweisen kann, da gibt man sich schon ein besonderes Ansehen dadurch. Das ist es aber nicht, was irgendwie günstig wirkt, wenn es sich um die äußere Wirklichkeit handelt. Darum handelt es sich, daß man aufzeigt, wie die Dinge geschehen, daß man einfach auf das, was jeder mit seinem gesunden Menschenverstand verstehen kann, hinweist.«*[33]

Der Vorwurf Steiners an das, was er »Initiationswissenschaften« nennt, ist in erster Linie deren Versuch, den Menschen zu manipulieren. Eine Kritik, die Steiner keineswegs auf okkulte Gesellschaften beschränkte, sondern auch auf die Politik ausweitete.
Kein Wunder, daß die Nationalsozialisten die Steinerianer bekämpften. Der bereits erwähnte Dietrich Eckart zog in seiner Zeitschrift »Auf gut deutsch« über die Anthroposophen her.[34] Auch Rudolf von Sebottendorff, ein Okkultist,

auf den ich noch zu sprechen kommen werde, attackierte Steiner in seinem Buch »Bevor Hitler kam«, indem er ihm unter anderem sexualmagische Praktiken vorwarf:

*»In München schlossen sich zahlreiche Anhänger Steiner an, doch wurde die Bewegung durch Selbstmorde sexuell ausgebeuteter Frauen unmöglich gemacht.«*[35]

Derselbe Vorwurf wurde übrigens später angesichts der zahlreichen Frauenselbstmorde in seiner nächsten Umgebung auch Adolf Hitler gemacht.

Zur Klarstellung: Es gibt weder Hinweise auf sexualmagische Übungen innerhalb der Anthroposophie, noch auf eine sexuelle Abartigkeit Hitlers.[36]

Warum aber fühlten die Nationalsozialisten sich bemüßigt, die Anthroposophen zu bekämpfen? Immerhin, auch Alfred Rosenberg und sogar Hitler selbst sahen in Rudolf Steiner »einen gefährlichen Zersetzer deutschen Volkstums.«[37] Auch die völlige Zerstörung des Goetheanums durch einen Brand im Jahr 1924 soll auf das Konto der Nazis gehen, wofür letzte Beweise allerdings fehlen.

Vom »New Age« inspirierte Schriftsteller, wie etwa E.R. Carmin, der seine Quellen jedoch selten anführt, gehen von einem »geistigen Kampf« zwischen schwarzmagischen, dem Nationalsozialismus nahestehenden Geheimbünden und den Anthroposophen aus.

*»Das ist das, was letztlich einen Rudolf Steiner bewogen hatte, sich von den Theosophen und den orientalischen Templern eines Hartmann und Crowley zu trennen, deren Ursprung er schließlich in der großen unterirdischen Welt des Bösen entdeckte. Steiner prophezeite ein dämonisches Zeitalter und bemühte sich, in seinen Okkultismus eine Art moralischer Doktrin einzubauen, wonach die Eingeweihten gehalten waren, sich nur positiver Kräfte zu bedienen.«*[38]

Obwohl es für die These eines »okkulten Kampfes« naturgemäß – da okkult – keine Belege gibt, mutet es doch eigentümlich an, mit welcher Schärfe gerade die frühe nationalsozialistische Bewegung die politisch eher harmlose und noch nicht sehr weit verbreitete Anthroposophie verfolgte.
Andere okkulte Gruppen jedoch wußte man politisch für sich zu gewinnen.

## Spiritisten und Wotansbrüder

Denn neben den großen, auch heute noch bekannten und bestehenden esoterischen Gesellschaften gab es in Deutschland vor Hitlers Machtergreifung eine Unzahl von Vereinigungen, Gemeinden, Bünden und Vereinen, die einem neuheidnischen bzw. neugermanischen Weltbild huldigten.
Okkult waren diese Vereine aus verschiedenen Gründen: Häufig gingen sie aus den Freikorps und Einwohnerwehren hervor und entzogen sich den ohnehin nur halbherzig betriebenen Auflösungsversuchen nach dem Ersten Weltkrieg durch Tarnung hinter harmlosen Vereinsnamen. Sie pflegten geheime Zusammenkünfte mit geheimen Kulten, auch Vereinsschriften wurden oft in Geheimsprache herausgegeben. (Etwa die Zeitschrift »Runen« des Germanenordens.)
Außerdem beriefen sie sich auf eine religiöse Tradition, die im Selbstverständnis des Neuheidentums jahrhundertelang im Geheimen fortgelebt hatte und nur wenigen Auserwählten zugänglich und verständlich war.
Aus der Literatur der zwanziger Jahre geht hervor, daß es weit über hundert solcher Vereinigungen gegeben hat.[39] Hier seien nur einige der wichtigsten angeführt:

- Armanenschaft

- Bund für persönliche Religion
- Deutschbund
- Deutsche Erneuerungsgemeinde
- Deutschgläubige Bewegung
- Deutscher Monistenbund
- Freie Gemeinde vom deutschen Leben
- Germanenbund
- Germanenorden
- Jungborn
- Jungdeutscher Orden
- Lichtfreunde
- Lumen-Klub
- Neutempler
- Thule-Gesellschaft
- Wodan-Gesellschaft

Alle diese Vereinigungen hatten eine gemeinsame Grundlage:

> *»Die Identität von ›Gott‹ und ›reiner Rasse‹ war das Hauptaxiom arischer Sektierer. Und soweit man sich mit den großen ›Fremdreligionen‹ überhaupt noch beschäftigte, kanzelte man sie als Degenerationserscheinungen ab oder adaptierte sie als ›im eigentlichen arisch‹.«*[40]

Zusammenhängend mit dieser Besinnung auf die Rasse predigte man ein naives »Zurück zur Natur«, hinter dem sich ein »Fort von der Zivilisation« verbarg. Das Unterfangen der lustvollen Natürlichkeit mußte jedoch, wie das Neuheidentum selbst, scheitern. Entwicklungen, die Jahrtausende gedauert hatten, konnten nicht innerhalb von Jahren rückgängig gemacht werden, ohne daß man ihnen, ob man wollte oder nicht, verhaftet blieb. Auf einer äußeren Ebene ist die Rückkehr zu Natur und mythologischer Weltanschauung möglich, innerlich ist sie es nicht. Es konnte einfach nicht gelingen, nach einer Woche Arbeit in der Fabrik oder im

Amt sonntags im Grünen überzeugend den alten Germanen zu mimen.

Nicht viel anders verhielt es sich mit der geforderten mystischen Innerlichkeit. Viele der neuheidnischen Gruppen gaben sich ein »mystisches Gewand, das vor allem durch seine Geheimsprache hervortritt«[41], wie Emil Julius Gumbel in seinem 1924 erschienenen Buch »Verschwörer. Zur Geschichte und Soziologie der deutschen nationalistischen Geheimbünde 1918-1924« anmerkt. Neben anderen, zum Teil oben aufgelisteten Bünden, führt Gumbel auch die Nationalsozialisten an und bringt sie als rassegläubige Wotansbrüder in Verbindung mit den neuheidnisch-mystischen Vereinigungen.[42]

Das tut auch Erhard Schlund in seiner ebenfalls 1924 erschienenen Schrift »Neugermanisches Heidentum im heutigen Deutschland«. Schlund sieht im Aufkommen neuheidnischer und nationaler Bewegungen ein Symptom für einen nie abgeschlossenen Kulturkampf zwischen Christentum und Heidentum.

> *»Der Krieg des Christentums gegen das altgermanische Heidentum ist ja damals durchaus nicht endgültig abgeschlossen worden, als Bonifatius die Donaueiche fällte. Auch nach dem allgemeinen Sieg des Christentums und der Christianisierung der deutschen Stämme ging der Kampf als Guerillakrieg weiter in den Seelen und in den Glaubensanschauungen und in den religiösen Bräuchen, ja auch in bewußten Geistern, und Männer, denen Wotan lieber war als Christus, gab es wohl immer. Heute scheint es nun, daß dieser Jahrhunderte dauernde Kleinkrieg wieder zu einer offenen Feldschlacht werden möchte. Jedenfalls hat das Hakenkreuz, dieses uralte, durchaus nicht spezifisch arische Symbol der Sonne, […] den Kampf mit dem Kreuz Christi aufgenommen,*

*wenn auch nicht alle Hakenkreuzler, Nationalisten und Deutsch-Völkischen sich dieses Kampfes bewußt werden. Oft ist dieser religiöse Kampf durch den politischen so stark verdeckt, daß selbst gelehrte, christliche Theologen und kirchlich wachsame und eifrige Priester nichts davon merken.«*[43]

Auf diesen nie abgeschlossenen Kampf zwischen Christentum und Heidentum werde ich später noch zu sprechen kommen.

In diesem Kampf jedenfalls griffen die Neuheiden bei ihren Religionswiederbelebungen eine bewährte Vorgangsweise des Christentums auf: So wie die Christen zahlreiche heidnische Elemente in ihren Kult aufgenommen hatten (Weihnachtsfest, Osterfest, um nur zwei zu nennen), so deuteten die Neuheiden nun das Christentum in ihrem Sinne um.

Solche Versuche der »Arisierung« und »rassemystischen Germanisierung« waren durch die Schriften von H.S. Chamberlain gesellschaftsfähig geworden und entwickelten sich zu einem echten Wahn, der auch vor einer Neudichtung der Evangelien nicht zurückschreckte. So erzählte bereits im Jahre 1901 die alldeutsche Zeitschrift »Heimdall« die Geschichte des Ariers Jesus Christus, Sohn eines germanisch-römischen Beamten. Die Bibel wird als Zuchtanleitung für reines Blut und eine höhere Rasse interpretiert.[44] »Überhaupt wird Jesus gerne als Arier gesehen, eine allgemein bekannte Sache«[45], vermerkt Schlund bitter.

Alte Sagen, Märchen, Legenden und Kulte erstanden zu neuem Leben, der christliche »Monotono-Theismus«[46] (Nietzsche) wurde mit seinen eigenen Waffen geschlagen: Die von der Kirche zu »Heiligen« umstilisierten Sagenhelden der heidnischen Mythologie wurden postwendend entchristianisiert und für den eigenen Kult zurückverlangt.

Bemerkenswert ist allerdings, daß der Nationalsozialismus

sich zwar weltanschaulich in diese Bewegungen einreihen ließe, politisch aber stets den Machtanspruch verfolgte und daher gezwungen war, in einer so heiklen Frage wie der Religion taktisch klug vorzugehen.
So gibt es auch bis auf die wilden antichristlichen Polemiken Alfred Rosenbergs kaum offizielle Äußerungen führender Nationalsozialisten, die auf ein starkes neuheidnisches Engagement schließen ließen. Man machte sich zwar die Bewegung zunutze, man verehrte akademisch in Nietzsche den Antichristen, hütete sich aber, gegen eine politische und verinnerlichte moralische Macht wie die Kirche offen vorzugehen.
Der NS-Chefideologe Rosenberg berichtete zwar von einer »sehr sehr hohen Stelle der römischen Kirche in Rom«, die erklärt hätte, »wenn die anderen Völker dem Beispiele Deutschlands folgen würden, so kämen wir alle zu einer Weltanschauung, die man als ›heidnisch‹ bezeichnen könnte.«[47] In Wahrheit aber wollte man weder das christliche, noch das germanische Potential ungenutzt lassen. Sätze Hitlers wie »Wir wollen keinen anderen Gott haben, als nur Deutschland allein«[48] kamen in der Propaganda ebenso vor wie ein von den Nationalsozialisten selbst geschickt gestreutes Gerücht von einer Muttergottesvision Hitlers.[49]
Auch vom Standpunkt der Kirche aus war die Sachlage nicht klar: Die Angst vor einem nationalsozialistischen Heidentum war zwar weit verbreitet, die Angst vor einem überhaupt atheistischen Kommunismus aber auch.
Die Kirche hat, wie bekannt, in beiden Fällen überlebt.

## Die Ariosophen: »Kampf bis aufs Kastrationsmesser«

Trotz des Konfliktes zwischen christlichen und germanischen Gruppen kam es in manchen Fällen zu Verbindungen zwischen den beiden scheinbaren Extremen. Zum Beispiel in der Ariosophie, dem zur Religion hochstilisierten Kult der »arischen Rasse«.

Die bedeutendsten und einflußreichsten Vertreter der Ariosophie waren Lanz von Liebenfels, Guido von List und Theodor Fritsch. Gleichzeitig waren diese drei Persönlichkeiten Gründer verschiedener, miteinander verflochtener Geheimgesellschaften oder Orden, die nicht ohne Einfluß auf den Lauf der Geschichte blieben.

Beginnen wir mit Jörg Lanz von Liebenfels. Angeblich war er »der Mann, der Hitler die Ideen gab«.[50]

Doch zunächst diente der in Wien als Sohn eines Lehrers geborene Adolf Josef Lanz (1874-1954) als Zisterziensermönch im Stift Heiligenkreuz bei Wien, verließ das Kloster allerdings schon kurz nach seiner Priesterweihe. Er promovierte sich zuerst selbst zum Dr. Lanz und ernannte sich dann zum Baron Jörg Lancz de Liebenfels.

»Lancz« oder Lanz unternahm die Neugründung des 1312 von Papst Clemens V. verbotenen Templer-Ordens, den er Ordo Novi Templi oder Orden des Neuen Tempels (ONT) nannte. Der ONT hatte mit dem historischen Vorbild bis auf einige äußere Symbole aber wenig gemein: Die Ordensstruktur war nach streng katholischem Vorbild organisiert, die Aufnahmebedingungen richteten sich nach rassischen Kriterien – nur blonde, blauäugige »Asinge« sollten Brüder des ONT werden, eine Bedingung, die in der Praxis natürlich auf einige Schwierigkeiten stieß und stillschweigend übergangen wurde.

In seiner nach der germanischen Frühlingsgöttin benannten Zeitschrift »Ostara«, die ab 1905 mit einer zeitweiligen Auflagenstärke von 100.000 Stück erschien, propagierte Lanz seine ario-heroische Rassekultreligion und warb für den ONT: »Sind Sie blond? Dann sind Sie Kultur-Schöpfer und Kultur-Erhalter! Sind Sie blond? Dann drohen Ihnen Gefahren! Lesen Sie daher die Bücherei der Blonden und der Mannesrechtler!«[51]
Die Gefahren drohten den Asingen (oder Heldlingen, Lanz' Begriff für den Arier) vor allem von den rassisch minderwertigen Äfflingen (oder Schrättlingen oder Tschandalen, das sind die Dunkelhäutigen, Mischrassigen und die Juden), aber nicht nur von diesen: Auch Sozialisten, Kommunisten, Homosexuelle und »Frauenrechtlerinnen« stellten in seinem Weltbild eine Bedrohung dar.
Lanz' Rassismus ist nicht nur ethnologischer oder religiöser, sondern zutiefst biologischer Natur. Erschreckend sind die Parallelen zwischen der lanz'schen Theorie und der Praxis des Dritten Reichs: Lanz fordert in seinen Heften und Büchern die »Ausrottung des Tiermenschen«, dessen Verbannung in den »Affenwald«, einen Rassenkampf »bis aufs Kastrationsmesser« sowie Zwangsarbeit und Mord: »Bringt Frauja Opfer dar, ihr Göttersöhne!«
Frauja, das ist für Lanz, wie er in seinem Werk »Die Psalmen teutsch« kundtut, niemand anderer als Jesus, den er zum nordischen Asing machte und ihn, wie schon der Gotenbischof und arianische Bibelübersetzer Ulfilas, mit dem germanischen Namen Frauja versah.
Lanz war auch der Autor zahlreicher Bücher, deren wichtigste wahrscheinlich sein »Anthropozoon Biblicum« und die »Theozoologie«[52] sind. In beiden Fällen handelt es sich um eine verwirrende und verworrene Mischung aus Bibelauslegung und -neudichtung, die einerseits Lanz' historische,

theologische, okkulte und sprachliche (Griechisch, Hebräisch) Bildung zeigt, andererseits seine oft tatsächlich krankhaften Zwangsvorstellungen:

*»Sowie im Buche JOB will Gott die minderwertige Rasse vertilgen, denn nur durch ihre Ausrottung kann die Sünde gebannt werden.«*[53]

*»Die Minderwertigen müssen auf gelinde Weise ausgerottet werden, und zwar durch Verschneidung und Entfruchtung (Mat. XIX, 12). Origines hat diese Stelle wörtlich aufgefaßt und sich selbst kastriert. Diese durch Praxis betätigte Auslegung ist mir maßgebender, als die heutige der Pfaffen.«*[54]

Auch auf die Theosophie und ihre Rassenlehre bezieht sich Lanz, wobei ihn vor allem das Thema »Affe« unerhört fasziniert. (Das Motiv des Affen war übrigens in den zwanziger und dreißiger Jahren allgemein sehr beliebt. 1932 entstand der Film »King Kong«, der ebenfalls auf den frauenraubenden Affenmenschen anspielt.)

Blavatskys Satz, wonach »Orangutan, Gorilla, Schimpanse und Paviane die spätesten und rein physischen Entwicklungen aus anthropoiden Säugetieren«[55] sind, wird für Lanz zur Bestätigung eines wahnwitzigen Szenarios, in dem die hochentwickelten Rassen durch die unstillbare Lust der Frauen, mit den Affen zu kopulieren, degeneriert wurden. Für Lanz sind »Teufel und Affe identisch«[56], und folgerichtig entwickelte er über die Affen ebenso phantasievolle wie kranke Theorien wie die Kirche über den Teufel.

Dabei kommt das Pathologische von Lanz' Schriften ganz klar zum Ausdruck, denn mit ungeheurer Lust beschreibt er den Degenerationsprozeß: Da wimmelt es nur so von »Vergewaltigungen«, »nimmersatten Weibern«, »Sodomie« und »zerrissenen Geschlechtsteilen«.[57]

In der Literatur taucht Lanz immer wieder auf als »Der Mann, der Hitler die Ideen gab«.
In dem gleichnamigen Buch des Wiener Tiefenpsychologen Wilfried Daim wird der Einfluß der lanz'schen Ideen auf Hitler und die nationalsozialistische Weltanschauung als sehr direkt dargestellt, was trotz Daims sehr genauer und gewissenhafter Recherchen häufig auf Kritik stieß. Manfred Ach etwa spricht von einer »Deutung Daims, der – vielleicht wegen ideologischer Sperren – das Bild von Lanz doch etwas verzeichnet zu haben scheint. [...] Wilfried Daim ist Tiefenpsychologe und wollte den Nationalsozialismus als perverses religiöses System entlarven.«[58]
Auch der bekannte Hitler-Biograph Joachim C. Fest äußerte sich kritisch:

> *»Die Analyse des vorhandenen Materials erlaubt nicht den Schluß, Lanz habe einen nennenswerten Einfluß auf Hitler ausgeübt oder habe ihm gar ›die Ideen gegeben‹. Die Bedeutung des eher skurrilen Ordensgründers liegt überhaupt weniger in konkreten Anstößen und Vermittlungen, als vielmehr im symptomatischen Rang seiner Erscheinung: er war einer der auffälligsten Wortführer einer neurotischen Zeitstimmung und hat der brütenden, eigentümlich phantastisch durchwucherten ideologischen Atmosphäre im Wien jener Zeit eine charakteristische Farbe beigesteuert. Dies beschreibt und begrenzt zugleich seinen Einfluß auf Hitler: er hat weniger dessen Ideologie als vielmehr die Pathologie mitgeprägt, die ihr zugrunde lag.«*[59]

Auch sind die Schriften Lanz' nicht schlüssig genug, um daraus Beweise ableiten zu können. Zwar behauptet Lanz in einem Brief an einen Ordensbruder, daß »Hitler unser Schüler gewesen ist«[60] – doch daraus zu schließen, daß Hitler und Lanz »einander eingeweiht hatten«[61] (Dietrich Bronder), ist ebenso spekulativ wie unsinnig. (Zumindest würde es sich dabei um den ersten bekannten Fall einer »Simultaneinweihung« – in welches Geheimnis? – in der Geschichte der Geheimbünde handeln.) Außerdem brüstet sich Lanz genauso damit, Lenin habe seine Schriften anerkannt und geschätzt.[62]

Das große Verdienst Daims liegt darin, die »Affäre Lanz« überhaupt wiederentdeckt zu haben. Auch seine »detektivischen« Recherchen sind bemerkenswert. Indizien kombinierend, kommt er etwa zu dem sicheren Schluß, daß Hitler zumindest einige Hefte der Zeitschrift Ostara gekannt haben muß.

Die Konsequenzen, die Daim daraus ableitet, sind jedoch zweifelhaft: Daim geht davon aus, daß der »mystische Rassismus« des Lanz eine Art »geheime Lehre« hinter dem Nationalsozialismus gewesen sei.[63] Dabei bezieht er sich auch auf Hitlers angeblichen Jugendfreund Josef Greiner, der in seiner allerdings umstrittenen Biographie behauptete, auch Dietrich Eckart sowie Joseph Goebbels hätten die Ostara-Hefte gekannt.

Bekannt ist lediglich, daß der »Völkische Beobachter« zu den Abonnenten der Ostara-Rundschau zählte, eines deutschen Ablegers von Lanz' Zeitschrift.[64]

Verblüffend sind allerdings die Gemeinsamkeiten von Lanz' Vorschlägen zur Reinhaltung der Rasse (Brutmütter werden in Zuchtklöstern von arischen Jünglingen begattet) und den Versuchen der nationalsozialistischen Aktion »Lebensborn«, von denen später noch die Rede sein wird.

Schließlich muß auch auf starke sprachliche Übereinstimmungen hingewiesen werden: Begriffe wie »der Heilige Gral des Deutschen Blutes«, »Untermenschen« oder »Rassenschande« wurden zum Teil von Lanz geprägt und von Hitler übernommen.

Noch interessanter ist jedoch ein Vergleich der religiösen Motivationen bei Lanz und Hitler.

Beide stammen aus dem kleinbürgerlichen katholischen Milieu, beide entwickelten sich im Laufe der Zeit zu einer sonderbaren Art des Antiklerikalen – sie nannten sich zwar Katholiken, hatten aber ihre ganz persönlichen Vorstellungen davon, was Katholizismus sei. Das »philosophische« System, das hinter diesen Vorstellungen steht, ist bei beiden sehr ähnlich: Der Sündenfall wird gleichgesetzt mit Rassenvermischung; Gott ist das reine arische Blut; Religion ist der Kult des reinen Blutes.

Daim hat diese Parallelen akribisch aufgedeckt.[65] Wenig überzeugend ist allerdings seine Schlußfolgerung: Der Nationalsozialismus sei eine Art pervertiertes Christentum, wobei die Perversion das Gefährliche sei.[66] Die Essenz der beiden Weltanschauungen und ein Blick auf zweitausend Jahre Heilsgeschichte zeigen, daß es sich genau umgekehrt verhält: Nicht die Perversion ist das ursprünglich Gefährliche, sondern das Christentum selbst. Denn bereits die Idee des Sündenfalls (sei es nun eine Apfelmahlzeit oder die Rassenvermischung), der eine heilbringende Reinigung (des Geistes oder des Blutes) erfordere, bedeutet einen grundlegenden Pessimismus gegen die Welt und das Leben. Diese Verachtung der Welt, die alle monotheistischen Religionen mit einem Heilsversprechen und Erlösungsgedanken verbinden, führt zur Zerstörung dieser Welt – denn lebenswert ist sie ohnehin nicht.

Zumindest diesen Aspekt hat der Nationalsozialismus mit der lanz'schen Weltanschauung und dem Christentum gemein: Die Welt ist schlecht und bedarf der Reinigung, das Individuum ist gefangen und bedarf der Erlösung. (Das historische Heidentum kannte übrigens diese grundlegende Skepsis gegen die Welt und das Leben nicht. Im Gegenteil

war Religion für den Heiden ein Ausdruck dankbarer Verehrung des Lebens.)[67]
Doch die Nationalsozialisten setzten dieses im abendländisch-christlichen Menschen tief verankerte Mißtrauen gegen die Welt ganz bewußt ein. Rosenberg, Strasser und Hitler sprachen immer wieder von einer Zeitenwende, eines der Schlagwörter übrigens des Wahlkampfs von 1933. Hitler wurde nicht nur zum Führer, er wurde zum Erlöser gemacht.

## Karl Kraus – der Retter vor den »Tschandalen«?

Zurück zum Orden des Neuen Tempels, der okkulten Gesellschaft des Lanz von Liebenfels. Dank zahlreicher Gönner aus dem Industriellenmilieu verfügte der Orden über beträchtliche Geldmittel. Die Burgruine Werfenstein im Strudengau wurde angekauft. Hier fanden regelmäßig Ordenszusammenkünfte statt, die sogenannten »Gralsfeiern« mit ihren von historischen Vorbildern abgeschauten Ritualen. Ähnliche Rituale wurden später wieder kopiert. Bronder:

> *»Viele dieser Neutemplerbräuche finden sich im Weihe-Ritual der Hitlerjugend und vor allem der Junkerschaft der nationalsozialistischen Ordensburgen wieder; auch das Ku-Klux-Klan-Ritual in den USA ähnelt dem der Templer.«*[68]

Anläßlich einer dieser Feiern im Jahr 1907 wurde – wohl erstmals in Österreich – eine Hakenkreuzfahne gehißt, wie Daim herausfand.[69]
Beachtlich ist die Liste der ONT-Mitglieder. Sie liest sich wie ein Who's Who des k.u.k. Österreich – neben hohen Militärs finden sich Universitätsprofessoren, Wissenschafter, Schriftsteller.[70] Als Frater August treffen wir auch den

schwedischen Dichter August Strindberg an, einen glühenden und dankbaren Bewunderer von Lanz, wie zahlreiche Briefe beweisen. Auch Karl Kraus, der bei Lanz zu einer Art »Ehrenarier« avancierte, ging – allerdings kritisch – sehr ausführlich auf Lanz und das »Rasse-Problem« ein. Der Antisemit Lanz schrieb in der Zeitschrift »Brenner« über den Juden Kraus:

> *»Er hat die jüngste und stärkste Großmacht, den Tyrannen unseres modernen Tschandalenzeitalters, die Preßkanaille, gestürzt. Diesem Manne kommt nicht lokal wienerische, nicht österreichische, nicht deutsche Bedeutung allein zu, dieser Mann hat den Ariogermanen wieder das Recht der öffentlichen Aussprache zurückgegeben, er hat es uns ermöglicht, daß wir jetzt, wo wir das überwältigende Schauspiel erleben, daß sich über dem seiner Lösung sich nähernden Nationalitäten-Problem riesengroß das Rassen-Problem erhebt und Europa und seine Kultur der Untergang in der gelben und schwarzen Flut droht, unsere mahnende und belehrende Stimme erheben können.«*[71]

Karl Kraus freilich zeigte sich wenig geschmeichelt:

> *»Mit der Rasse kenne ich mich nicht aus. Wie sich die Dummheit deutschvolklicher Schriftleiter und Politiker das denkt, wenn sie mich als einen von den ihren anspricht, und wie sich der koschere Intellekt das zurechtlegt, wenn er mich als einen von den unseren reklamiert, und umgekehrt – das weiß ich nicht, das geniert mich nicht, das geht mir bei einem Ohr hinein und zum Hals heraus.«*[72]

Erstaunlich immerhin, daß Kraus überhaupt auf Lanz einging. Das mag zweierlei Gründe haben: Einerseits erreichte Lanz eine solche Bekanntheit, daß man ihn nicht einfach übersehen konnte.

Andererseits war er nicht nur der »Radau-Antisemit«, als

den er sich selbst stilisierte. Er war Mitarbeiter der »Monumenta Judaica« und stellte seine Burg Werfenstein der israelitischen Kultusgemeinde zur Abhaltung des Laubhüttenfestes zur Verfügung.[73] Auch erhielt Lanz nach dem »Anschluß« absolutes Schreibverbot. Der Wiener Lumen-Klub, Sammelbecken für illegale Nazis und Lanz-Anhänger, wurde im Jahr 1938 ebenfalls aufgelöst. Lanz soll auch nicht bereit gewesen sein, Heinrich Himmler zu empfangen, als ihm dieser einen Besuch abstatten wollte.[74]
Diese Paradoxa tragen zum Bild einer widersprüchlichen Persönlichkeit bei, die das Weltbild des Nationalsozialismus mitgeprägt hat, dessen politische Konsequenzen aber, wenn man Lanz und seinen Biographen Daim und Mund glauben darf[75], nicht billigte.

## Guido von List und seine »Armanen«

Auf der Mitgliederliste von Lanz' Neuem Templerorden treffen wir auf den Namen Guido von List. Dessen Geheimgesellschaft, die »Armanenschaft«, zählte wiederum Lanz von Liebenfels zu ihren Mitgliedern.
Die »Armanen«, von denen List abzustammen behauptete, sind in seinem Weltbild die letzten geistig-priesterlichen Führer der Arier. Die Armanenschaft oder auch der Hohe Armanen Orden (HAO) war der innere, angeblich geheimwissenschaftlich orientierte Kreis der Guido-von-List-Gesellschaft, einer von Großindustriellen gesponserten Organisation, die dem Laienforscher List beträchtliche Geldmittel zur Verfügung stellte. Maßgeblich an der Gründung dieser Gesellschaft war nicht nur Lanz von Liebenfels beteiligt, sondern auch der Wiener Altbürgermeister Josef Neumayer sowie Wiens Oberbürgermeister Karl Lueger.[76] Wie schon

beim ONT, zeigt sich auch bei der Guido-von-List-Gesellschaft, daß okkult-germanische Ideen sich in den ersten Jahrzehnten des 20. Jahrhunderts in der gesellschaftlichen Ober- und Mittelschicht großer Beliebtheit erfreuten. Vor allem offensichtlich in Wien, das vor dem Ersten Weltkrieg ein »Schmelztiegel der Nationen« war – und gleichzeitig der prägende Eindruck in Hitlers Jugend. List (1848-1919) war, wie Lanz, Wiener.

Von der Guido-von-List-Gesellschaft führen Spuren nicht nur zum ONT, sondern auch zur Theosophie. Die ganze Wiener Theosophische Gesellschaft befand sich auf der Mitgliederliste der Vereinigung Lists.[77] Dieser berief sich auch auf Blavatsky, deren Schriften ihm als Beweis für die Übereinstimmung von germanischen und indischen, also »ur-arischen« Weisheitslehren dienten.

List war auf die finanzielle Unterstützung von Gönnern angewiesen, nachdem seine Forschungen über die germanische Tradition bei der Fachwissenschaft keinen Anklang fanden; kein Wunder, denn List baute seine Forschungen auf keiner Methode auf, sondern auf »Erb-Erinnern« und »Findung« – zwei Schlagworten, die wir bei den kuriosen SS-Forschungsstellen wiederfinden werden.

Allerdings muß gesagt werden, daß Lists bekannteste Bücher[78] auf einer großen Fülle von gesammeltem Material beruhen, bei dessen Auswertung der Autor zum Teil eine sehr einfühlsame, genaue Beobachtungsgabe unter Beweis stellte.

Problematischer ist Lists politische Lehre: Von der absoluten Überlegenheit der ariogermanischen Rasse ausgehend, will er zur Reinerhaltung dieser Rasse das Sippenrecht wieder einführen. Nur der Hausvater solle alle Bürgerrechte haben, und Hausvater könne nur werden, wer der Edelrasse angehört. Der Staat ist in seinem System ein Orden mit einer Spitze von Priester-Eingeweihten. Das Symbol des neuen Staates solle die doppelte Sig-Rune werden – besser bekannt als SS.

Rassen- und Ehegesetze, Stammbaumpflege sowie ein Ausschluß aller »Minderrassigen« aus einflußreichen Stellungen werden gefordert. Der erklärte Feind des Deutschtums ist für List die »internationale jüdische Verschwörung« – ein Krieg, so meint er, sei unausweichlich und notwendig.[79]

Bronder behauptet, Hitler hätte List oder zumindest seine Ideen gekannt, liefert dafür aber nicht den geringsten Beleg.[80]

Orzechowski spricht von einer »hohen Wahrscheinlichkeit«[81], daß Hitler Lists Werk gekannt habe. Goodrick-Clarke erwähnt sogar ein Buchgeschenk an Adolf Hitler mit folgender Widmung: »Für Adolf Hitler, meinen lieben Armanenbruder.«[82]

## Von der Theorie zur Praxis: Theodor Fritsch

Lanz und List bauten einen gesellschaftlich verbreiteten Antisemitismus in ihre esoterischen Systeme ein. Gleichzeitig trugen sie dazu bei, dadurch diesen Antisemitismus noch gesellschaftsfähiger zu machen. Der erste Schritt eines okkultistischen Autors zu praktischen Aktionen gegen Juden sollte aber einem anderen vorbehalten sein: Theodor Fritsch (1852-1934). Fritsch gilt als Wegbereiter des germanisierenden Antisemitismus in Deutschland. Nicht nur Dietrich Eckart, sondern auch der NS-Chefideologe Alfred Rosenberg beriefen sich auf ihn. Sein »Handbuch der Judenfrage« erschien 1907 in der 26. Auflage. Wahrscheinlich hat Hitler das Buch schon in seiner Wiener Zeit gelesen.[83]

Auch die Spuren von Fritsch führen in den »europäischen Untergrund« der Geheimwissenschaften und -gesellschaften. Bereits 1902 entstanden die von von Fritschs Zeitschrift »Der Hammer« inspirierten »Hammer-Gemeinden«, aus denen später die »Deutsche Erneuerungs-Gemeinde« wurde.
Im Jahre 1912 trug Fritsch ebenfalls zur Gründung von zwei antisemitischen Vereinigungen bei: Dem Reichs-Hammer-Bund und dem Germanen-Orden, der als Geheimbund mit einer Geheimsprache auftrat, um »die geheime jüdische Weltverschwörung« mit ihren eigenen Waffen zu schlagen.[84]
Was bei Lanz und List grau(sam)e Theorie war, wird bei den von Fritsch begründeten Orden zur politischen Agitation: Fritsch führte namentlich Juden an, die Verbrechen gegen die »arische Rasse« oder gegen den »arischen Geist« begangen haben sollen. Es kam immer wieder zu Fememorden, für die wahrscheinlich der Germanen-Orden verantwortlich war.
Doch auch dieses ganz konkrete politische Handeln wurde durch Novizeneinweihungen und Ordensrituale okkultistisch aufbereitet. Orzechowski führt ein Dokument aus dem Jahr 1912 an, das eine »Einweihung« in den Germanen-Orden beschreibt:

> *»Die Feierlichkeit beginnt mit sanften Weisen, gespielt auf dem Harmonium, während die Brüder den Pilgerchor aus Tannhäuser singen. Das Ritual findet bei Kerzenlicht statt. Die Brüder machen das Zeichen des Hakenkreuzes, der Meister wiederholt es in umgekehrter Richtung. Darauf werden die Novizen, eingehüllt in Pilgermäntel, und mit verbundenen Augen, vom Zeremonienmeister in den Saal geführt. Der Logenmeister erklärt daraufhin die deutsch-arische Weltanschauung des Ordens. Der Barde entzündet die heilige Flamme im Gral, und den Novizen werden Mantel und Augenbinde abge-*

*nommen. In diesem Moment ergreift der Meister Wotans Speer und hält ihn vor sich, während die beiden ›Ritter‹ ihre Schwerter darüber kreuzen. Eine Reihe von Aufrufen und Antworten, begleitet von Musik aus Lohengrin, bilden den Eid der Novizen. Ihre Weihe wird von den ›Waldelfen‹ mit Rufen gefeiert, während die Novizen um die heilige Flamme geführt werden.«*[85]

Hier dient das »Ritual« nur mehr als Vorwand, um gruppendynamische Einheiten zu bilden – im Verband läßt sich besser kämpfen. Historische Überlieferungen oder Traditionen spielen keine Rolle mehr. Dieses Pseudo-Ritual scheint nur einen Zweck zu haben: Ein Gruppengefühl aufzubauen und gleichzeitig dieses Gruppengefühl auf einen »Meister«, einen Führer einzuschwören.

Auch Fritschs Schriften spiegeln das wider: Im Gegensatz zu Lanz und List, die wenigstens in der Geschichte des Okkulten bewandert sind und von dort ihren Ausgangspunkt nehmen, dienen die okkulten Elemente in den primitiven Werken Fritschs nur der Verzierung.

Wie politisch einflußreich gewisse Geheimgesellschaften aber waren, soll an dieser Stelle ein Beispiel verdeutlichen: Der völkische Schriftsteller Philipp Stauff, Herausgeber des berüchtigten »Semi-Gotha«, eines weit verbreiteten »Handbuchs zur Identifizierung von Juden« anhand von Stammbäumen, gehörte dem Hohen Armanen Orden, dem Orden des Neuen Tempels und, als Gründungsmitglied, dem Germanen-Orden an.[86]

Mit Theodor Fritsch war der erste Schritt von krausen esoterischen Theorien zu einer mörderischen politischen Praxis bereits gemacht worden. Doch die Zeit, da die Okkultisten tatsächlich in den Kampf um die Macht eingriffen, sollte erst nach dem Ersten Weltkrieg kommen.

## Die Thule-Gesellschaft

1919: In einem Zimmer des Münchner Gasthofs Sterneckerbräu treffen ein paar Dutzend Leute zusammen, die sich gerade zu einer neuen Partei zusammengeschlossen haben – der Deutschen Arbeiterpartei (DAP).
Ein Gefreiter in Zivil ist dabei, um die Zusammenkunft zu überwachen. Er arbeitet als Spitzel für die Reichswehr. Seine Aufgabe ist es, Berichte über politische Gruppen zu verfassen, die im Nachkriegsdeutschland reihenweise gegründet wurden. Sein Name ist Adolf Hitler.
Nach einigen Vorträgen, die Hitler als langweilig empfindet, findet eine Diskussion statt. Hitler mischt sich ein. Denn mit der These eines Herrn, der eine Union zwischen Bayern und Österreich fordert, kann er sich nicht abfinden. »Da konnte ich denn nicht anders, als mich [...] zum Wort zu melden und dem [...] Herrn meine Meinung über diesen Punkt zu sagen«, schreibt er in »Mein Kampf«.[87]
Einige Tage nach diesem Vorfall erhält Hitler, der bei der Zusammenkunft Name und Adresse angegeben hat, eine Postkarte mit der Mitteilung, daß er in die Deutsche Arbeiterpartei aufgenommen worden sei. Hitler wehrt sich nicht: »Ein Zurück konnte und durfte es nicht mehr geben.«[88]
Damit war Hitler in den Dunstkreis eines Geheimbundes gekommen, der im Zusammenhang mit der Entstehung des Nationalsozialismus fast immer erwähnt wird. Bereits die Gründung der DAP ging zweifelsfrei auf diesen Geheimbund zurück.[89]
Es handelt sich dabei um die Thule-Gesellschaft.
Der Gründer dieser okkulten Vereinigung, der sich Rudolf Freiherr von Sebottendorff nannte, ist eine ebenso dubiose und interessante Figur wie die bereits erwähnten Ordensgründer Lanz und List, die Sebottendorff übrigens als seine

Vorläufer würdigt.[90] Über seine Herkunft und seine Biographie weiß man wenig – außer daß seine eigenen Angaben darüber falsch sind.
Die wahrscheinlichste Variante ist, daß Sebottendorff 1875 als Alfred Rudolph Glauer, Sohn eines Lokomotivführers, ausgerechnet in Hoyerswerda zur Welt kam, jenem sächsischen Städtchen, das 1991 durch gewaltsame Ausschreitungen rechtsradikaler Gruppen gegen Ausländer zu trauriger Bekanntheit gelangte. Als andere Namen Sebottendorffs tauchen in der Literatur aber auch Rudolf Glandeck oder Adam Glandeck auf. Als zweites Pseudonym, um die Sache nicht zu leicht zu machen, verwendete Sebottendorff den Namen Erwin Torre. Die Schwierigkeit mit Sebottendorffs Namen zieht sich bis heute, da er von vielen Autoren notorisch falsch »Sebottendorf« geschrieben wird. Ich halte mich bei der Schreibung an das historische Faksimile seines 1933 in München erschienenen Buches »Bevor Hitler kam«.
Der gelernte Mechaniker Glauer/Glandeck/Torre wanderte jedenfalls vor dem Ersten Weltkrieg in die Türkei aus, wo er sich den Namen Rudolf Freiherr von Sebottendorff von der Rose zulegte, und zwar indem er sich von einem österreichischen Adeligen gleichen Namens, der im Orient lebte, adoptieren ließ. Das zumindest behauptete Sebottendorff später vor Gericht, nachdem ihn die bayrischen Sebottendorffs nach seiner Rückkehr nach Deutschland wegen Urkundenfälschung und falscher Namensführung verklagt hatten.
In der Türkei befaßte sich Sebottendorff ausführlich mit okkulten Studien, u.a. mit Astrologie, Sufi-Meditation, Freimaurerei, Derwischen und mit der Theosophie. Durch die Kontakte eines jüdischen Kaufmanns namens Termudi avancierte er zum Meister des Rosenkranz-Ordens, wie auch der über den Verdacht der Unseriosität erhabene Hitler-Biograph Werner Maser schreibt.[91]

Seine weiteren Wege sollen Sebottendorff nach Polen und in die Schweiz geführt haben; im Jahr 1917 jedenfalls, und das ist sicher, finden wir ihn in Deutschland wieder. Als Mitglied des Germanenordens wurde er mit der Leitung der bayrischen Ordensprovinz beauftragt, aus der er dann seine eigene Vereinigung formte, die Thule-Gesellschaft. Symbol dieses Geheimbundes war das Hakenkreuz – und zwar, nach Sebottendorffs eigenen Angaben, bereits in seiner späteren Form: In einem weißen Kreis auf einer roten Fahne.[92]

Sebottendorff war mit sehr beträchtlichen Geldmitteln aus unbekannter Quelle ausgestattet. Keinem Historiker ist es bis jetzt gelungen, die Herkunft dieser sehr umfangreichen finanziellen Unterstützung zu klären. Die Geldmittel haben jedenfalls in der Krisenzeit zu Ende des Ersten Weltkriegs gereicht, um eine Organisation mit zeitweise 1500 Mitgliedern, mehrere Zeitungen und paramilitärische bewaffnete Verbände zu erhalten – darunter das Freikorps Oberland, das Sebottendorff aufstellte, um gegen die Münchner Räteregierung vorzugehen. Auch Hitler wurde unterstützt und gefördert.

Zum Beispiel war Sebottendorff Teilaktionär der Zeitung »Münchner Beobachter«. Er verkaufte das Blatt, das den neuen Namen »Völkischer Beobachter« erhalten hatte, über Vermittlung des immer wieder auftauchenden Okkultisten Dietrich Eckart an die mittlerweile umbenannte Deutsche Arbeiterpartei. Adolf Hitler war inzwischen »Propagandaobmann« der, wie sie jetzt hieß, Nationalsozialistischen Deutschen Arbeiterpartei.

1923, als die NSDAP nach dem gescheiterten Hitler-Putsch verboten wurde, dienten die Räume der Thule-Gesellschaft im Münchner Hotel »Vier Jahreszeiten« den Parteimitgliedern als geheimer Treffpunkt.

Sebottendorff selbst fuhr wieder in die Türkei und kehrte 1933 nur noch einmal kurz nach Deutschland zurück.

Es ist also nicht abwegig, wenn Sebottendorff sich rühmt: »Thule-Leute waren es, zu denen Hitler zuerst kam und Thule-Leute waren es, die sich mit Hitler zuerst verbanden.«[93]
Das wird umso einleuchtender, wenn man einen Blick auf die Mitgliederliste der Thule-Gesellschaft wirft. Da finden wir unter anderen:

· Max Amann, den ersten Geschäftsführer der NSDAP;
· Anton Drexler, den Gründer der DAP und Ehrenvorsitzenden der NSDAP;
· Dietrich Eckart, Schriftsteller und Journalist;
· Gottfried Feder, Mitbegründer der DAP und Mitverfasser des ersten Parteiprogramms;
· Hans Frank, Anwalt der NSDAP, Reichrechtsführer und später Generalgouverneur von Polen;
· Karl Harrer, Reichsvorsitzender der DAP;
· Rudolf Heß, zukünftiger Stellvertreter des Führers;
· Heinrich Jost, späterer Kommandant der gefürchteten »Einsatzgruppe A«;
· Alfred Rosenberg, Chefideologe der NSDAP, Leiter des Außenpolitischen Amtes, Minister für die besetzten Ostgebiete.

Hitler selbst wird von Sebottendorff nur als »Gast der Thule« angeführt.[94]
Tatsächlich dürften Sebottendorffs Angaben in seinem 1933 erschienenen Buch »Bevor Hitler kam« stimmen – denn warum sollte er sich mit erfundenen Geschichten absichtlich in Gefahr begeben? Immerhin, Hitler war seit 30. Januar dieses Jahres Reichskanzler. Und obwohl Hitler und die Partei ihrem Gesinnungsgenossen sehr viel zu verdanken hatten, wurde die zweite Auflage von Sebottendorffs Buch verboten – Dankbarkeit ist bekanntlich keine politische Kategorie, und unter den Nazis war sie es schon gar nicht. Offensichtlich wollte man, nun, da man an die Macht gelangt

war, mit Geheimbünden nicht mehr in Verbindung gebracht werden. Auch von der Thule-Gesellschaft wollten die führenden Nationalsozialisten nach der Machtergreifung nichts mehr wissen. 1933 wurde sie aufgelöst.
Sebottendorff reiste wieder in die Türkei, wo er während des Krieges für Canaris als V-Mann der deutschen Abwehr tätig war. Carmin zufolge soll er nach dem mysteriösen Englandflug von Rudolf Heß versucht haben, in friedenstiftender Absicht »Kontakt zu Aleister Crowley aufzunehmen, um über den britischen Magus Einfluß auf den Hochgrad-Maurer Churchill zu nehmen.«[95]
Ebensowenig gesichert wie diese Behauptung ist Sebottendorffs Ende. Klar ist nur, daß seine Leiche im Mai 1945 im Bosporus gefunden wurde. Es konnte allerdings nie geklärt werden, ob er Selbstmord begangen hatte oder ermordet worden war.
War Sebottendorff nun ein Angeber, ein politischer Abenteurer, eine jener dubiosen Figuren, die man immer wieder im Umfeld von Machthabern findet? Oder war er Impulsgeber, Strohmann unbekannter Mächte, einer jener unauffälligen Drahtzieher, die ebenfalls manchmal zum Dunstkreis der Mächtigen gehören?
Die wichtige Rolle, die er mit seiner Thule-Gesellschaft bei der Entstehung des Dritten Reichs spielte, wird allgemein anerkannt.
Die Konsequenzen, die daraus zu ziehen sind, wurden allerdings unterschiedlich bewertet: Die einen leugnen jeden weiteren Einfluß der okkulten Ideen Sebottendorffs auf den Nationalsozialismus, was, wie wir sehen werden, ein allzu einfacher Standpunkt ist. Die anderen gehen von einem ungebrochenen Fortleben des okkulten Gedankengutes der Thule-Gesellschaft in der NSDAP aus, was zweifellos eine ebenso übertriebene Ansicht darstellt.

## Hyperboreer, Antisemiten und türkische Freimaurer

Es bleibt die Tatsache, daß Leute, die sich selbst in einer jahrtausendealten okkulten Tradition verwurzelt sahen, jene unterstützten, die sich am Beginn eines »Tausendjährigen Reiches« wähnten.

Zum philosophischen Propheten dieses neuen Reiches, das sich in okkulter Tradition auf sagenhafte verschwundene Kulturen berief, wurde Friedrich Nietzsche gemacht. Nicht ganz zurecht übrigens, denn Nietzsche hat, wie Giorgio Colli schrieb, »alles gesagt und das Gegenteil von allem.«[96] Unter anderem hatte er die Grundstimmung auch jener Zeit fast prophetisch ausgedrückt:

> *»Der ganz große Hang der Deutschen ging gegen die Aufklärung und gegen die Revolution der Gesellschaft, welche mit grobem Mißverständnis als deren Folge galt: die Pietät gegen alles noch Bestehende suchte sich in Pietät gegen alles, was bestanden hat, umzusetzen, nur damit Herz und Geist wieder einmal voll würden und keinen Raum mehr für zukünftige und neuernde Ziele hätten. Der Kultus des Gefühls wurde aufgerichtet an Stelle des Kultus der Vernunft.«*[97]

Oder, noch deutlicher:

> *»Ich mag auch sie nicht, diese neuesten Spekulanten in Idealismus, die Antisemiten, welche heute ihre Augen christlich-arisch-biedermännisch verdrehn und durch einen jede Geduld erschöpfenden Mißbrauch des wohlfeilsten Agitationsmittels, der moralischen Attitüde, alle Hornvieh-Elemente des Volkes aufzuregen suchen (– daß jede Art Schwindel-Geisterei im heutigen Deutschland nicht ohne Erfolg bleibt, hängt mit der nachgerade unableugbaren und bereits handgreiflichen Verödung des*

*deutschen Geistes zusammen, deren Ursache ich in einer allzu ausschließlichen Ernährung mit Zeitungen, Politik, Bier und Wagnerischer Musik suche, hinzugerechnet, was die Voraussetzung für diese Diät abgibt: einmal die nationale Einklemmung und Eitelkeit, das starke, aber enge Prinzip »Deutschland, Deutschland über alles«, sodann aber die paralysis agitans der »modernen Ideen«).«*[98]

Besser wurden – 35 Jahre vor dessen Entstehen – die Grundvoraussetzungen des Nationalsozialismus nicht beschrieben.

Doch man »verwechselte die Diagnose mit dem Heilmittel«[99] (R.A. Wilson) – und die Fundgrube Nietzsche ließ sich auch im Sinne des Regimes gut plündern: »Sehen wir uns ins Gesicht. Wir sind Hyperboräer, – wir wissen gut genug, wie abseits wir leben«[100], hatte er am Anfang seines umstrittenen Werkes »Der Antichrist« geschrieben.

Von Aussagen wie diesen leiteten die Ideologen des Nazi-Reichs bereitwillig die Abstammung der germanischen Stämme von den Hyperboreern (heutige Schreibweise) ab, jenem sagenhaften nordischen Volk, bei dem Apoll zeitweise seinen Urlaub verbrachte.

Die »tausendjährigen Mythen« um die Entstehung der Welt und der Menschen sollten sich mit dem »Mythos des tausendjährigen Reiches« treffen, einem Mythos, der allerdings erst neu geschaffen werden mußte.

Ganz ähnliche Ziele verfolgte die Weltanschauung der Thule-Gesellschaft. Im Falle Sebottendorffs ist dabei vor allem der Widerspruch zwischen esoterischer Lehre und politischer Umsetzung interessant. Sebottendorffs Buch »Bevor Hitler kam« ist nicht viel mehr als das eitle, propagandistische, verleumderische und hetzerische Machwerk eines radikalen Antisemiten und Antikommunisten.

Umso erstaunlicher, daß derselbe Sebottendorff eine Reihe von anderen Werken geschrieben hat, die keine politischen Äußerungen enthalten und vollkommen frei von irgendwelchen antisozialistischen oder antisemitischen Bemerkungen sind: Zum Beispiel »Die Geschichte der Astrologie« (Leipzig o. J.) oder »Die Praxis der alten türkischen Freimaurerei – Der Schlüssel zum Verständnis der Alchimie« (Leipzig 1924). Bei letzterem Werk tritt Sebottendorff zwar nur als Bearbeiter des Buches eines gewissen Ulrich Paul Schwidtal (1875-1920) auf. Allerdings stammen viele Teile von Sebottendorff selbst.

In »Die Praxis der alten türkischen Freimaurerei«, übrigens im Theosophischen Verlagshaus Leipzig erschienen, geht es in erster Linie um die Übungen einer mohammedanisch-mystischen Richtung, nämlich die Exerzitien des Ordens der Bektâschi-Derwische. Diese Übungen sind »weiter nichts als eine Arbeit an sich selbst, zur Veredelung, zur Erwerbung höherer Erkenntnis.«[101] Die Übungen der Derwische, ein kompliziertes System von Griffen, Hand- und Körperstellungen mit verschiedenen zu sprechenden Formeln, ist für Sebottendorff identisch mit der Suche der Alchimisten nach dem Stein der Weisen. Es ist für ihn »das Magnum opus, das Magisterium der Rosenkreuzer und der Alchimisten.«[102]

Gleichzeitig lehnt er in diesem Werk Geheimbünde ab:

> *»Um keinen Irrtum aufkommen zu lassen, möchte ich betonen, daß ich jede Logenbildung ablehne, ich bitte, mich auch nicht mit Zuschriften zu behelligen.«*[103]

Auch die neue Freimaurerei, 1717 in London gegründet, findet seine Zustimmung nicht – was bei einem Schriftsteller, der sich auch »völkisch« betätigen konnte, nicht weiter verwundert. Verwunderlich ist allerdings die Begründung (aus Sebottendorffs Geleitwort):

*»Nicht Gesetze, die von außen her gemacht werden, schaffen das Heil der Menschen. Diese Gesetze werden immer von andern durchbrochen und von andern ersetzt werden müssen, sondern allein die Arbeit von innen heraus kann uns das Heil bringen. Wer bewußt dem göttlichen Gesetze nachleben kann, dieses als Pflicht und nicht als Zwang empfindet, der schafft wahrhaft zum Besten der Menschheit, das ja auch das Beste des Einzelwesens ist.«*[104]

Wie lassen sich diese Worte mit jenen desselben Sebottendorff vereinen, der sowohl vor als auch nach Erscheinen des Buches strenge Rassengesetze, die Vertreibung der Juden aus Deutschland und eine diktatorische Regierung forderte? In der Literatur wird für diesen Widerspruch, sofern er überhaupt erkannt wurde, keinerlei Erklärungsmodell gegeben – es sei denn die alte Geschichte von der Weltverschwörung.

So etwa deutet Otto Rudolf Braun in seinem Buch »Hinter den Kulissen des Dritten Reiches« an, Sebottendorff sei von unbekannten Kreisen beauftragt worden, die nationalen Kräfte in Deutschland zu einigen.[105] Braun spricht es nicht aus, aber nur allzu gerne werden solche Verschwörungstheorien einschlägig gedeutet: »Jüdische Kreise« selbst hätten den NS-Staat inszeniert (natürlich aus Profitgier) und seien daher in Wahrheit für den Holocaust verantwortlich. Ich werde auf ähnliche Theorien und ihre Gefährlichkeit noch zu sprechen kommen.

Im Falle Sebottendorffs kann also der oft eigenartige Unterschied zwischen exoterischer (äußerer) und esoterischer (innerer) Lehre in vielen geheimen Gesellschaften die einzige, wenn auch wenig befriedigende Erklärung sein.

In seiner Darstellung der alten türkischen Freimaurerei beruft sich Sebottendorff jedenfalls auf »altes, uraltes Wissen«.[106]

Und dieses uralte Wissen ist es wohl, dem er mit seiner Thule-Gesellschaft zu einer »hyperboreischen« Wiedergeburt verhelfen wollte. Im Stichwortverzeichnis zu »Bevor Hitler kam« heißt es: »Thule, zuerst als ultima Thule von Pytheas aus Marseille erwähnt um 400 vor Chr., wahrscheinlich Island. Als die Christianisierung der Germanen einsetzte, war Island die letzte Zuflucht der sich nicht zum Christentum bekennenden Germanen. Hier wurden die Sagen aufbewahrt, Edda, so daß eine Wiederherstellung der germanischen Religion möglich war.«[107]

Sebottendorffs Thule sollte im 20. Jahrhundert die Insel sein, von der ausgehend die germanische Religion wiederhergestellt werden sollte. Das Thule-Mitglied Alfred Rosenberg trug seinen Teil zu diesem Versuch der Wiederherstellung bei.

## »Der Mythus des 20. Jahrhunderts«

Alfred Rosenberg (1893-1946) sah sich selbst gerne als Intellektueller der NSDAP, was ihm in der Partei keine sehr großen Sympathien eintrug. Sein in der Nazi-Propaganda als jüdisch gewerteter Name und seine Herkunft aus Lettland machten ihn vor allem in der Frühzeit, und besonders der SA, suspekt. Rosenberg wurde als der »dichtende Balte« belächelt. Dennoch gelang es ihm als »Kämpfer der ersten Stunde« eine glänzende Parteikarriere zu machen: Über die Thule-Gesellschaft und Dietrich Eckart zur NSDAP stoßend, wurde er bereits in der Frühzeit so etwas wie der »Chefideologe« der Partei: Verfasser des ersten Parteiprogramms von 1922, 1923 Chefredakteur des Völkischen Beobachters, 1933 Leiter des Außenpolitischen Amtes der NSDAP, 1941 Minister für die besetzten Ostgebiete. Radikaler Antisemit

und überzeugter Nationalsozialist bis zu seinem Ende, wurde er in Nürnberg als Hauptkriegsverbrecher und »Urheber des Rassenhasses« zum Tode verurteilt und hingerichtet.
Rosenberg war innerhalb der nationalsozialistischen Bewegung eine umstrittene Persönlichkeit. Einerseits gewann er durch seine Ämter immer mehr an Einfluß, andererseits war er bei niemandem wirklich beliebt – wobei zwischen diesen beiden Tatsachen zweifellos ein Zusammenhang besteht, da Hitler seine Personalpolitik sehr bewußt so gestaltete, daß kein Bündnis, kein gemeinsamer Widerstand gegen ihn entstehen konnte.
Rosenberg war der Intimfeind von SS-Führer Himmler; Göring, Heß, Goebbels und Bormann schätzten ihn nicht, Ernst »Putzi« Hanfstaengl, Auslandspressechef der NSDAP, kritisierte immer wieder seine »machtpolitischen Wahnvorstellungen«.[108]
Hitler selbst rügte Rosenberg wegen dessen offener antikatholischer Agitation[109] und gestand, daß er Rosenbergs Hauptwerk, den »Mythus des 20. Jahrhunderts« [110] nur zum »geringsten Teil« gelesen habe, weil es »zu schwer verständlich geschrieben« sei: »Er, der Chef, habe es seinerzeit ausdrücklich abgelehnt, diesem Buch parteipäpstlichen Charakter zu geben, da schon sein Titel schief sei. Denn man könne nicht sagen, daß man den ›Mythus des 20. Jahrhunderts‹, also etwas Mystisches, gegen die Geistesauffassung des 19. Jahrhunderts stellen wolle, sondern müsse als Nationalsozialist sagen, daß man den Glauben und das Wissen des 20. Jahrhunderts gegen den Mythus des 19. Jahrhunderts stelle.«[111]
Trotz dieser vagen und widersprüchlichen Kritik Hitlers sollte man die Bedeutung Rosenbergs nicht unterschätzen. Es war schließlich auch Hitler, der die im »Mythus« und in »Mein Kampf« niedergelegten Gedanken zu bindenden

weltanschaulichen Richtlinien erklärte. Rosenberg wurde zudem 1934 »Reichsschulungsleiter« und somit verantwortlich für die ideologische Schulung sämtlicher Gliederungen der NSDAP. Im Vorwort zu Rosenbergs Buch »Blut und Ehre« nennt ihn Thilo von Trotha den »Vater des nationalsozialistischen Schrifttums«[112], was nicht ganz abwegig ist, wenn man die Menge der Artikel, Reden, Aufsätze und Bücher Rosenbergs, die sich mit Grundsatzfragen der Weltanschauung befassen, berücksichtigt. Rosenberg prägte die NS-Ideologie zweifellos entscheidend mit. Und er hatte wohl in eigenartiger Weise recht, wenn er sagte:

> *»Mit der Weltanschauung steht und fällt die nationalsozialistische Bewegung. [...] Die Bewegung hätte niemals 14 Jahre lang diesen Kampf durchführen können, wenn sie nicht von einem Kerngedanken, von einer bestimmten Weltbetrachtung ausgegangen wäre.«*[113]

Diese Weltbetrachtung geht für Rosenberg – auch hier liegt ein Berührungspunkt mit den okkulten Autoren – von einer »neuen und doch uralten Art, dem von außen herandrängenden Schicksal entgegenzublicken«[114] aus, wobei »neu und doch uralt« das Kennzeichen aller okkulten Werke ist – das Prädikat »uralt« ist heute geradezu zum unverzichtbaren Schlagwort der esoterischen Werbestrategien geworden.

Es ist erstaunlich, wievieler okkulter Lehren sich der Thule-Mann Rosenberg bedient, obwohl er selbst den Okkultismus nur als historische Gegenbewegung zum Materialismus betrachtete:

> *»Die Abkehr vom theoretischen Materialismus in Wissenschaft und Kunst kann man als innerlich vollzogen betrachten, der Pendelschlag nach der anderen Richtung (Theosophie, Okkultismus usw.) ist schon im Schwunge; die Richtung unseres Wesens fängt hierzu als Kontrast zu*

*beiden Strömungen allmählich wieder an lebendig zu werden.«*[115]

Was Rosenberg nun unter »Weltanschauung« versteht, ist leicht gesagt, »nämlich eine bestimmte Anschauung der Welt. Dies bedeutet aber, daß wir unserem unbefangenen Auge und dadurch dem unverbildeten Instinkt wieder unmittelbaren Wert zusprechen und nicht ausgeklügelten Theorien hohler Phantasten.«[116]

Das erinnert an Nietzsche: »Das Christentum will über Raubtiere Herr werden; sein Mittel ist, sie krank zu machen, – die Schwächung ist das christliche Rezept zur Zähmung, zur ›Zivilisation‹« , heißt es in »Der Antichrist«.[117]

Doch die »Umwertung aller Werte« ist seit jeher auch ein okkultes Thema. Hier trifft sich Rosenberg etwa mit Crowley, der in seinem »Buch der Gesetze« ebenfalls die Herrschaft des Instinktes über den Verstand forderte und damit die bürgerlich-humanistischen Grundwerte radikal in Frage stellte.

Rosenbergs Hauptwerk, der »Mythus des 20. Jahrhunderts«, ist – wie Hitler erkannte – mystisch, sowohl was den Inhalt, als auch was die Verständlichkeit betrifft. Rosenberg führt bis auf Houston Stewart Chamberlain und Theodor Fritsch keine Quelle an, seine historischen »Beweisführungen« sind unglaubwürdig, seine »Schlußfolgerungen« alles andere als zwingend. Für Orzechowski ist dies mehr als nur eine formale Ungenauigkeit:

> *»Rosenberg, Steiner, Blavatsky, Lanz, List und anderen Autoren jener Tage geht es nicht um eine historisch-wissenschaftliche Klärung. Sie geben an, ihre Schau der Geschichte als Intuition und Eingebung empfangen zu haben.«*[118]

Auch Rosenberg gründete sein Weltbild auf »uraltes Wissen« und – wie Blavatsky, Lanz, List und Sebottendorff – auf den

Mythos einer untergegangenen Kultur, in diesem Fall Atlantis, einem Sinnbild für die reine, nordisch-arische Rasse:

> *»Es erscheint als nicht ganz ausgeschlossen, daß an Stellen, über die heute die Wellen des Atlantischen Ozeans rauschen und riesige Eisgebirge herziehen, einst ein blühendes Festland ragte, auf dem eine schöpferische Rasse eine große, weitausgreifende Kultur erzeugte und ihre Kinder als Seefahrer und Krieger hinaussandte in die Welt; aber selbst wenn sich diese Atlantishypothese als nicht haltbar erweisen sollte, wird ein nordisches vorgeschichtliches Kulturzentrum angenommen werden müssen.«*[119]

Rosenberg stellt hier als halbwissenschaftliche Theorie dar, was bei Platon noch Mythos war – ein typisches Beispiel für den nationalsozialistischen Mißbrauch mythologischen Gedankengutes.

Dabei ist es einigermaßen verwunderlich, warum gerade Platons Atlantis-Mythos aus den Spätwerken Timaios und Kritias[120] zu solcher Popularität gelangte. (Orzechowski berichtet zum Beispiel auch von einer Ausstellung im Berlin des Jahres 1931, in der Atlantis-»Trancebilder« gezeigt wurden.[121])

Vielleicht kamen die Schilderungen der gigantomanischen atlantischen Bauten oder die autoritäre politische Struktur des platonischen Mythos dem »Zeitgeist« entgegen: »Jeder einzelne der zehn Könige übte in seiner Stadt Gewalt über die Bewohner seines Gebietes und über die meisten Gesetze; er bestrafte und ließ hinrichten, wen er wollte.«[122]

Wahrscheinlich aber diente Atlantis damals eher als eine Art Utopie in der Vergangenheit, als Traumkontinent, von dem man seine eigene Abstammung herleiten wollte.

Jedenfalls zeugt es zumindest von Unverständnis, die Insel Atlantis tatsächlich als historische Tatsache darzustellen und sich – wie das Heinrich Himmler später tun wollte – auf die archäologische Suche nach ihr zu machen. Denn im platonischen Dialog verweist der Dichter und Staatsmann Kritias deutlich auf den mythologischen Charakter der »9000 Jahre alten« Insel – er selbst habe die Erzählung von seinem Großvater Kritias, dieser wiederum von Solon, dieser wiederum von ägyptischem Priestern gehört. Das »Es war einmal« klingt deutlich an.

Doch es ist typisch für Rosenberg und für den nationalsozialistischen »Wissenschaftsbegriff«, Mythos und Logos zu vermengen und zu verwechseln, was freilich weder dem einen noch dem anderen zugute kommt. Doch gerade diese Vermengung stellte Rosenberg als Tugend dar. Noch in seinem letzten, in der Nürnberger Gefangenschaft geschriebenen Buch vermerkt er:

> *»Die theologischen Gegner meines ›Mythus‹ haben mich mit allen Mitteln einer alten Dialektik angegriffen. Sie haben mir etwa zehn einzelne Irrtümer nachgewiesen; ich wäre gerne bereit, auch noch weitere zuzugeben. Das Werk ist in einer arbeitsreichen politischen Kampfzeit entstanden, ohne die Akribie eines großen Zettelkastens. [...] Im Alter wollte ich den ›Mythus‹ eventuell überarbeiten und rein Zeitbedingtes – auch Außenpolitisches – streichen, um den sachlichen Gehalt noch mehr zu verdeutlichen. Je mehr ich mich aber überprüfe, um so weniger kann ich finden, daß ich im Grundsätzlichen etwas zurückzunehmen hätte.«*[123]

»Gesamtschau« steht vor – Subtext: jüdischer – »Akribie des Zettelkastens«, das »Grundsätzliche« – sprich: die Weltanschauung – vor einer zumindest nachvollziehbaren Untersuchung.

Diese Vorgangsweise ähnelt jener der okkulten Autoren, mit dem Unterschied, daß diese den wissenschaftlichen Anspruch gar nicht stellen oder höchstens augenzwinkernd behaupten.

Rosenberg jedoch will beweisen, und er scheut sich nicht, phantastische Theorien zu »Kausalketten« zusammenzuknüpfen. Im Falle von Atlantis sieht das dann so aus: Das nordische Kulturzentrum wird »angenommen werden müssen«, weil der solare »Mythus« dort geboren wurde, »wo das Erscheinen der Sonne ein kosmisches Erlebnis von größter Eindringlichkeit gewesen sein muß: Im hohen Norden.«[124] Von dort habe sich der »Sonnenmythus« dann »strahlenförmig« über die ganze Welt verteilt, vornehmlich nach Indien und Persien, deren »uralt-atlantische Erinnerungen« in Form von verschiedenen Weisheitslehren (Zarathustra, Mahabharata) Rosenberg immer wieder ausgiebig zitiert – wobei er angibt, östliche Mythen, Philosophien und Lehren genau studiert zu haben.[125] Carmin meint, die Sanskrit-Texte, die »voller Herrenmenschenideologie steckten«, bildeten eine »geradezu ideale Vorlage einer mystisch-religiösen Weltsicht, die der verhaßten Zivilisation einer seelenlos gewordenen Welt entgegengesetzt werden konnte.«[126]

Aus dem Mythos von Atlantis entwickelt Rosenberg schließlich eine umfangreiche »Philosophie« der Rasse, die er in der Einleitung des »Mythus« auf den verworrenen Punkt bringt: »Seele aber bedeutet Rasse von innen gesehen. Und umgekehrt ist Rasse die Außenseite der Seele.«[127] Oder: »Die Unbefangenheit des gesunden Blutes wieder herzustellen, das ist vielleicht die größte Aufgabe, die ein Mensch sich heute stellen kann […].«[128] Oder:

> *»Heute erwacht aber ein neuer Glaube: der Mythus des Blutes, der Glaube, mit dem Blute auch das göttliche Wesen des Menschen überhaupt zu verteidigen. Der mit hellstem Wissen verkörperte Glaube, daß das nordische*

*Blut jenes Mysterium darstellt, welches die alten Sakramente ersetzt und überwunden hat.«*[129]

Es bedarf keines Karl Kraus, um sprachliche Wendungen wie »der mit hellstem Wissen verkörperte Glaube« als puren Unsinn zu entlarven: Die Unschärfe des Denkens zeigt sich in der sprachlichen Verschwommenheit, ein Merkmal übrigens des gesamten völkischen Schrifttums. Was da »Mystik« genannt wurde, ist nichts als die schlichte Abwesenheit von Klarheit.

Die Blut/Seele/Rasse/Nation-Einheitslehre des Nationalsozialismus ist bei Rosenberg folgerichtig mit mystizistischen Elementen verbunden – »mystischer Vitalismus« nennt er diese Anschauung: Die größte Leistung des nordischen Menschen sei die »germanische Erkenntnis, daß die Natur sich nicht durch Zauberei (wie Vorderasien es meinte tun zu können), aber auch nicht durch Verstandesschemen (wie es das späte Griechenland tat) meistern ließe, sondern nur durch innigste Naturbeobachtung.«[130]

Dabei ging es aber keineswegs um das persönliche Erlebnis einer ekstatischen »visio« oder »unio«. Rosenberg bediente sich nur des mystischen Wortschatzes, um zu einem dubiosen Begriff der Rasse-Einheit zu gelangen. Nicht der Geist wird mystisch überhöht, sondern die Rasse, das Blut. Diesen offensichtlichen Gegensatz versucht Rosenberg mit Wortkonstruktionen wie »Rassenseele« oder »Geist des Blutes« zu überwinden.

Ein ganzes Kapitel des »Mythus«, »Mystik und Tat« genannt, widmet Rosenberg dem »größten Apostel des nordischen Abendlandes«, dem »Vater der deutschen Mystik«, Meister Eckehart (1260-1329).

In ihm sieht er den Traum aller echten oder falschen Okkultisten verwirklicht, nämlich den Menschen zu einem gottähnlichen Wesen zu machen. Er redet – wie Blavatsky, wie

Sebottendorff – von einem »inneren Werk«, das zu vollbringen sei; die »Idee Gott« sei als neues Objekt der Seele zu erschaffen, »um zum Schluß die Gleichwertigkeit von Seele und Gott zu verkünden.«[131]

Rosenberg hat auch keine Probleme damit, Eckehart zum Vorläufer des nationalsozialistischen Rassismus zu machen, indem er zitiert: »Das Edelste, was am Menschen ist, ist das Blut – wenn es recht will. Aber auch das Ärgste, was am Menschen ist, ist das Blut – wenn es übel will.«[132] Eckhart versteht allerdings unter Blut keineswegs die Rasse, sondern eher das, was man seit Freud Unbewußtes nennen würde, nämlich »alles, was am Menschen dem Willen des Menschen nicht untertan ist.«[133] Das hindert Rosenberg nicht daran festzustellen, daß bei Eckehart »neben dem Mythus von der ewigen freien Seele [...] der Mythus, die Religion des Blutes«[134] stehe. Die Schlußfolgerung:

> *»Rasse und Ich, Blut und Seele stehen im engsten Zusammenhange, für einen Bastard der heutigen Levante taugt Eckeharts Lehre nicht, ebensowenig für jene fremdartige Rassenmischung, die von Osten in das Herz Europas eingesickert ist und das untertänigste Element Roms ausmacht.«*[135]

Hier befinden wir uns bereits am direkten Weg von der Religion des Blutes zum Blutvergießen – eine anscheinend unvermeidliche Konsequenz, wenn man den Umkehrschluß aus Horkheimers und Adornos Analyse des Opfers ziehen kann: »Alle Entmythologisierung hat die Form der unaufhaltsamen Erfahrung von der Vergeblichkeit und Überflüssigkeit von Opfern.«[136]

Ebenso läge also jeder Mythologisierung die These von der Notwendigkeit und Sinnhaftigkeit des Opferns zugrunde.

Das Opfern des Blutes wird zur heiligen Tat. Rosenbergs

Bekenntnis zu einem Kult, einer Religion des Blutes, mündet am Ende des »Mythus« in den Sätzen:

*»Der Gott, den wir verehren, wäre nicht, wenn unsere Seele und unser Blut nicht wären, so würde das Bekenntnis eines Meister Eckehart für unsere Zeit lauten. Deshalb ist Sache unserer Religion, unseres Rechtes, unseres Staates alles, was die Ehre und Freiheit dieser Seele und dieses Blutes schützt, stärkt, läutert, durchsetzt. Deshalb sind heilige Orte alle die, an denen deutsche Helden für diese Gedanken starben; heilig sind jene Orte, wo Denksteine und Denkmäler an sie erinnern, und heilige Tage sind die, an denen sie einst am leidenschaftlichsten dafür kämpften. Und die heilige Stunde des Deutschen wird dann eintreten, wenn das Symbol des Erwachens, die Fahne mit dem Zeichen des aufsteigenden Lebens das Bekenntnis des kommenden Reiches geworden ist.«*[137]

Von der ständigen Verwendung esoterischen Sprachgebrauchs abgesehen gibt es noch andere Hinweise darauf, daß Rosenberg von okkulten Ideen beeinflußt war.

Da wäre zum Beispiel sein Eintreten für den Ordensgedanken zu nennen, auf den ich später noch näher eingehen werde.

Auch seine deutschtümelnde Neuinterpretation der Karmalehre[138] gehört wohl hierher – denn die Karmalehre ist bis heute ein für alle Interpretationen offener »okkulter Evergreen«.

Erwähnenswert sind vielleicht auch kleinere sprachliche Eigenheiten: So zum Beispiel verwendet er in seinen Lebenserinnerungen das Wort »Zufall« recht häufig, setzt es jedoch immer unter Anführungszeichen – was vermuten läßt, daß er an eine schicksalslenkende, »karmische« Macht glaubte. Ganz augenscheinlich wird dies, wenn Rosenberg – stark an die Wortspiele und das »Seins-Geschick« Martin Heideggers erinnernd – schreibt:

*»Das war scheinbar Zufall; aber solche Zufälle haben wohl auch ein tieferes Geschick. Die deutsche Sprache sagt in ihrer Weisheit, man erlebe nicht nur, was einem geschickt wird, sondern auch, was einem zufällt.«*[139]

Ein anderer, vielleicht wichtigerer Hinweis auf okkulte Einflüsse ist Rosenbergs Vorliebe für Gnostiker, Häretiker und Gralssucher, deren Standpunkt er gerne einnimmt, um die Kirche zu kritisieren. Sowohl im Mythus als auch in den Letzten Aufzeichnungen befaßt sich Rosenberg mit der Geschichte der Albigenser, Waldenser, Katharer, Arnoldisten und Stedinger, für Orzechowski ein »Katalog von Häretikern«, der »unter den Okkultisten eine herkömmliche und weit verbreitete Anschauung [ist], mit der sie die Kontinuität ihrer besonderen Version der ›Geheimen Tradition‹ demonstrieren wollen.«[140] Auch soll Rosenberg mitten im Krieg Zeit gefunden haben, die heiligen Stätten dieser abtrünnigen Gottsucher zu besuchen.[141]

Weitere Indizien für den Einfluß des Okkulten auf Rosenbergs Weltanschauung haben eher spekulativen Charakter. Webb[142] geht davon aus, daß Rosenberg zumindest die Werke des russischen Emigranten und Magiers G.I. Gurdjieff gekannt habe, eine These, die Orzechowski mit weiteren Argumenten unterstützt: Demnach habe sich Gurdjieff, »neben Rasputin und Crowley einer der wichtigsten okkulten Lehrer«, in den zwanziger Jahren mehrfach in Deutschland aufgehalten. Ein Zusammentreffen mit Rosenberg, der häufig in russischen Emigrantenkreisen verkehrte, wäre durchaus möglich gewesen.[143]

Schließlich gibt es noch die Deutung des »Mythus des 20. Jahrhunderts«, die der Tiefenpsychologe Friedrich W. Doucet anbietet.

Doucets These: Die Nationalsozialisten hätten die »phantastische Realität der kollektiv-psychischen Kräfte« erkannt:

*»Ihr Unternehmen stellt den Versuch dar, die symbolischen Wahrheiten der archetypischen Ordnungsstruktur des Kollektiv-Psychischen auch dem Verstand zugänglich zu machen. Die Kräfte des Seelischen sollten in das Bewußtsein gehoben und nutzvoll gelenkt werden. Das Ziel war eine psychische Wiedererneuerung, die Geburt eines neuen Zeitgeistes.«*

Aber:

*»Statt den Drachen zu besiegen, verfielen die Helden selbst einem Mythos.«*[144]

Doucets Hinweis auf die Macht seelischer Elementarkräfte (Archetypen, also »Urbilder«, die im menschlichen kollektiven Unbewußten gespeichert sind) ist nicht von der Hand zu weisen, wenn man manche Passagen des »Mythus« darauf untersucht:

*»Aus dem Schutt [des 19. Jahrhunderts] aber erheben sich heute Mächte, die begraben schienen, und ergreifen immer bewußter Besitz von allen, die um ein neues Lebens- und Zeitgefühl ringen. [...] Eine neue Zeit deutscher Mystik ist angebrochen, der Mythus des Blutes und der Mythus der freien Seele erwachen zu neuem bewußtem Leben.«*[145]

Mit der Feststellung, daß »Mächte, die begraben schienen«, Besitz von allen ergriffen, sollte Rosenberg in erschreckender Weise recht behalten.

## Die »braune Eminenz«?

Als einer der »Hüter« dieser Mächte, die plötzlich wieder an die Oberfläche kommen sollten, wird immer wieder Karl Haushofer erwähnt.

Es ist nicht ganz einleuchtend, warum die einschlägige Lite-

ratur gerade den Universitätsprofessor Haushofer (1869-1946) auserkoren hat, der »geheime Meister des Nationalsozialismus« zu sein. Vor allem die englisch- und französischsprachigen Autoren, von Louis Pauwels' und Jacques Bergiers Buch »Aufbruch ins dritte Jahrtausend« ausgehend, haben in dieser Hinsicht eine blühende Phantasie entwickelt.[146] Bezeichnend für die Ernsthaftigkeit dieser Literatur ist das Beispiel Pauwels': 1954 berichtete er in einem anderen Werk, »Monsieur Gurdjieff«, über die Tibetreisen Haushofers, seine »Einweihung« und seine Mitgliedschaft bei der Thule-Gesellschaft. Bei der deutschen Ausgabe desselben Buches, zwanzig Jahre später erschienen, fehlen alle Passagen über Haushofer, offensichtlich, weil diese frei erfunden waren.[147] Das hinderte aber andere Autoren wie Braun, Bronder oder Carmin nicht daran, die Haushofer-Geschichte zu übernehmen und sogar auszuschmücken.
Wie aber verhielt es sich nun tatsächlich mit Karl Haushofer, diesem angeblichen »Magier des Dritten Reichs«?
Vielleicht haben die guten Kontakte, die Haushofer zum fernen Osten und speziell zu Japan unterhielt, bei seiner Dämonisierung eine gewisse Rolle gespielt. Haushofer soll in Japan Mitglied einer Geheimgesellschaft namens »Grüner Drache« gewesen sein, später in Berlin eine Loge Namens »Brüder vom Licht« oder »Vril-Gesellschaft« gegründet haben, der so ziemlich alle Nazigrößen angehört haben sollen (Rosenberg, Himmler, Göring, Hitler). Pauwels/Bergier geben als Quelle für ihre Geschichte von der »Vril-Gesellschaft« einen vagen mündlichen (angeblichen) Hinweis des Raketenforschers Dr. Willy Ley an. Was aber ist das Vril?

*»Das Vril ist der Inbegriff jener enormen Energie, von der wir in unserem gewöhnlichen Leben nur einen winzigen Bruchteil verbrauchen; es ist das Sinnbild unserer möglichen Göttlichkeit. Derjenige, der zum Meister des*

*Vril avanciert, wird zugleich Herr über sich selber, über seine Mitmenschen und über die ganze Welt.«*[148]

Neben Geheimnissen wie diesem verraten Pauwels/Bergier auch, daß Haushofer als Mitglied des »inneren Kreises« der Thule-Gesellschaft gewirkt habe. Allerdings scheint er nicht einmal auf Sebottendorffs umfangreicher und sicher großzügig gestalteter Mitgliederliste auf. Außerdem war Haushofers Frau »Halbjüdin«; nur durch dessen Beziehungen konnte sie an der Seite ihres Mannes bleiben. In ihm, wie Ravenscroft es tut, den Hohepriester des nationalsozialistischen Rassenwahns zu sehen, ist ziemlich abwegig.

Haushofer wird auch immer wieder im Zusammenhang mit Tibet genannt. Er soll als »Eingeweihter« die angebliche Achse Lhasa-Berlin gefördert und aufrecht erhalten haben. In Tibet soll er außerdem die Einweihung durch seinen Lehrer, den immer wieder auftauchenden Gurdjieff, erhalten haben. In anderen Werken wieder scheint Haushofer als Lehrer Gurdjieffs auf.

Aus der einzigen seriösen Haushofer-Biographie (von Hans-Adolf Jacobsen) geht hervor, daß Haushofer niemals in Tibet war. Jacobsen berichtet zwar, daß Haushofer als General im Krieg verschiedene Erlebnisse von Hellsichtigkeit hatte, in denen er Feindbewegungen vorhersah, doch sind solche in Extremsituationen auftretende Phänomene bekannt. »Daraus auf eine magische Einweihung, die im Falle Haushofer in Asien stattgefunden haben soll, zu schließen, scheint mir weit hergeholt«[149], faßt Orzechowski zusammen.

So bleibt als schwacher Hinweis auf ein okkultes Wirken die Tatsache, daß Rudolf Heß, der »Stellvertreter des Führers«, Thule-Mitglied und Mann der ersten Stunde, bei Haushofer studierte und sein späterer Freund war. Haushofer hat Heß und Hitler auch öfters während deren Haftzeit in Landsberg, nach dem Scheitern des Putsches von 1923, be-

sucht. Über Heß, der Hitler zumindest beim Redigieren von »Mein Kampf« geholfen hat, dürften die geopolitischen Gedanken in das Werk eingeflossen sein.[150]
Haushofer gilt als Erfinder der Lehre vom »Lebensraum«, was aber nicht ganz zutrifft. Geopolitische Ideen wie jene vom »Lebensraum« tauchen schon viel früher bei Ratzel, Kjellén, Vallaux und Mackinder auf.[151] Mackinder sprach nicht vom »Lebensraum«, den ein Volk besitzen müsse, dafür aber vom »Herzland«, dessen Besitz der Schlüssel zur Beherrschung der Welt sei: Osteuropa und das europäische Rußland.[152] Hitler war von diesen Ideen fasziniert. Joachim C. Fest: »Es scheint, als habe gerade der eigentümlich magische Rationalismus solcher halbwissenschaftlicher Formeln der besonderen Struktur des hitlerschen Intellekts entsprochen: auch die Erkenntnis hatte für ihn ihre Dunkelbereiche.«[153]
Dabei war der Begriff des Lebensraums im 20. Jahrhundert eigentlich ein unsinniger Anachronismus. »Wohlstand und Macht hängen seit der industriellen Revolution nicht mehr von der Größe des Bodenbesitzes ab, sondern vom Stand der Technologie,«[154] schrieb Sebastian Haffner zurecht in seinen »Anmerkungen zu Hitler«.
Ein weiterer Grund für das okkulte Interesse an Haushofer liegt in einem Sonett, das einschlägig interpretiert wurde. Haushofers Sohn Albrecht, Verfasser von Dramen und Gedichten, hat es im Gefängnis Berlin-Moabit geschrieben, wo er inhaftiert war, weil er zur Widerstandsbewegung des 20. Juli 1944 gehörte.

*Ein tiefes Märchen aus dem Morgenland*
*erzählt uns, daß die Geister böser Macht*
*gefangen sitzen in des Meeres Nacht,*
*versiegelt von besorgter Gotteshand,*

*bis einmal im Jahrtausend wohl das Glück*
*dem einen Fischer die Entscheidung gönne,*
*der die Gefesselten entsiegeln könne,*
*wirft er den Fund nicht gleich ins Meer zurück.*

*Für meinen Vater war das Los gesprochen.*
*Es lag in seines Willens Kraft,*
*den Dämon heimzustoßen in die Haft.*

*Mein Vater hat das Siegel aufgebrochen.*
*Den Hauch des Bösen hat er nicht gesehen …*
*Den Dämon ließ er in die Welt entwehn.*[155]

Andere der »Moabiter Sonette« Albrecht Haushofers sprechen ähnliche Themen an. Natürlich lassen Gedichte wie diese unterschiedliche Interpretationen zu: Man kann ebensogut oder ebensoschlecht von einem Indiz für ein okkultes Wirken Karl Haushofers sprechen, wie von der lyrischen Abgeklärtheit eines jungen Gefangenen, der auf seine Hinrichtung wartet und mit dem Leben abgeschlossen hat. Albrecht Haushofer wurde am 23. April 1945, also wenige Tage vor dem Ende des Krieges, von der Gestapo erschossen.
Wie wir sehen, die Gerüchte über Karl Haushofer als »brauner Eminenz« hinter dem Nationalsozialismus beruhen auf Spekulationen und Erfindungen.
Zahlreiche Ideen Haushofers gelangten zwar, wie gesagt, über Rudolf Heß in Hitlers »Mein Kampf«, doch Haushofer distanzierte sich nicht nur von diesem Werk, sondern später auch vom Nationalsozialismus.[156]
Sein Rat war außerdem mitentscheidend, Rudolf Heß zu seinem Englandflug zu bewegen, um einen Separatfrieden zu erlangen.[157]
Selbst ein Nazi-Gegner wie Stefan Zweig berichtet in seinen

Erinnerungen »Die Welt von Gestern« von Haushofer, den er in Indien kennenlernte, als einem »aufrechten Mann«, der ihm eine erste Einsicht gab »in die außerordentlichen Qualitäten und die innere Zucht eines deutschen Generalstabsoffiziers.«

*»Als genauer Beobachter wußte er gut darzustellen; ich lernte von ihm im Gespräch viel über das Rätsel des Ostens, und heimgekehrt blieb ich dann mit der Familie Haushofer in freundschaftlicher Verbindung.«*

Und weiter heißt es:

*»Ich sehe in ihm keineswegs wie fingerfertige Journalisten von heute eine dämonische graue Eminenz, die, im Hintergrund versteckt, die gefährlichsten Pläne ausheckt und sie dem Führer souffliert. Aber daß es seine Theorien waren, die mehr als Hitlers rabiateste Berater die aggressive Politik des Nationalsozialismus unbewußt oder bewußt aus dem eng Nationalen ins Universelle getrieben, unterliegt keinem Zweifel.«*[158]

Auch Hanfstaengl, abgesprungener Auslandspressechef der NSDAP und späterer Berater von Präsident Roosevelt, verwehrt sich dagegen, in Haushofer »einen Nazi und Propheten Hitlerscher Pläne sehen [zu] wollen. Nichts ist falscher als dieses billige Propagandamärchen.«[159]

Es darf – hier hat Hanfstaengel wohl recht – nicht übersehen werden, daß auch die alliierte Kriegspropaganda einen großen Einfluß auf die Entstehung okkulter Gerüchte hatte. Die Dämonisierung des Gegners ist ein wesentlicher Bestandteil dieser Propaganda. So wie Ronald Reagan die Sowjetunion kryptisch als »Reich des Bösen« bezeichnete, so wie man immer wieder von astrologischen und parapsychologischen Machenschaften hinter den Kulissen des Kreml hörte, so wie Saddam Hussein als Satan oder »Hitler des Ostens« hingestellt wurde, genauso wurde das Dritte Reich

dämonisiert, was sicher nicht wenig zu dessen Mystifizierung beitrug.
Die Aufzeichnungen des ehemaligen Danziger Senatspräsidenten Rauschning (»Gespräche mit Hitler«, 1939), in denen Hitler als medial begabter Schwarzmagier dargestellt wird, sind zumindest zum Teil auch dieser Propaganda zuzurechnen. Ich werde noch darauf zu sprechen kommen.
War im Dritten Reich von einer jüdischen und freimaurerischen geheimen Weltverschwörung die Rede, verbreitete man auf alliierter Seite die Theorie einer Herrschaft des Schwarzmagischen.
Allerdings hat sich diese Art von Propaganda auf lange Sicht nicht bewährt: Heute ist es gerade der magische Aspekt des Nationalsozialismus, der anziehend wirkt und zu zahlreichen Mythenbildungen führt. So wird von den okkulten Autoren immer wieder die Behauptung aufgestellt, Rudolf Heß mußte deshalb bis zu seinem Tod von der Außenwelt abgesperrt in Spandau inhaftiert bleiben, weil er als einziges noch lebendes Thule-Mitglied, als Vermittler zwischen Haushofer und Hitler und als Okkultist des Dritten Reichs zuviel von den magischen Machenschaften hinter den Kulissen gewußt hätte. Unter umgekehrten Vorzeichen lebt die Theorie von der geheimen, magischen Weltverschwörung wieder auf.
Heß, der tatsächlich am Okkultismus sehr interessiert war, bot dafür natürlich ein ideales Vorbild: Er bewunderte die Anthroposophie, war insgeheim ein Anhänger Rudolf Steiners[160], beschäftigte sich mit Astrologie, Traumdeutung, Hellseherei und Theosophie; seine »biologisch-dynamische« Ernährungsweise nahm er so ernst, daß er sich nicht scheute, bei den Mittagessen in Hitlers Reichskanzlei sein eigenes Essen mitzubringen, was Hitler, der ebenfalls Vegetarier war, auch duldete.[161]

Auch die verworrenen und verwirrenden Aussagen Heß' bei den Nürnberger Kriegsverbrecherprozessen[162] taten das ihre zur Mythologisierung von Haushofer und seinem Schüler Heß: Heß deutet darin eine Verschwörung unbekannter Mächte gegen Deutschland und die ganze Welt an.
Der Doppelselbstmord von Karl Haushofer und seiner Frau kurz vor deren möglicherweise klärenden Aussagen bei den Prozessen trug natürlich auch nicht unbedingt zu einer Entwirrung der Situation bei.

## Der Kampf von Feuer und Eis

Eine ebenfalls zwiespältige Persönlichkeit, die immer wieder sowohl mit Haushofer als auch mit einem okkulten Hintergrund des Nationalsozialismus in Zusammenhang gebracht wird, war Hanns Hörbiger.
Prof. Hörbiger (1860-1931), übrigens »Stammvater« der bekannten Schauspieler-Dynastie, war Maschineningenieur und erfand 1897 das Stahlplattenventil. Bekannter jedoch wurde er durch seine »Welteislehre«, auf die Fests Wort vom »magischen Rationalismus halbwissenschaftlicher Formeln« ebenfalls zutrifft. Hitler jedenfalls war ein fanatischer Verfechter dieser »Welteislehre«. Es gibt zahlreiche Äußerungen, in denen er die Welteislehre befürwortet und sogar weiterspinnt.[163] Hörbiger stellte er in eine Reihe mit Ptolemäus und Kopernikus.
Hörbigers »Glazial-Kosmogonie«, auf einen simplen Punkt gebracht, besagt, daß das Universum wesentlich aus Eis besteht. Jedes Geschehen im Kosmos wie auch auf der Erde ist auf den Kampf zwischen Feuer und Eis und den daraus entstehenden Anziehungs- und Abstoßungskräften zurückzuführen. Das hermetische Prinzip »wie oben, so unten« ist

auch auf diesen Kampf zwischen Feuer und Eis anwendbar. Nach dem »Urknall«, einer Explosion durch die Kollision riesiger Eis- und Feuermassen, verteilten sich Eis und Feuer im Weltraum. Die Erde ist ein Spiegelbild dieser Entwicklung: Teils Eis, teils Feuer, teils Zwischenstufe, findet hier im Kleinen der große kosmische Kampf statt.[164]

Das erinnert an Blavatsky, an die Anthroposophen, an den Atlantis-Mythos und an die hyperboreisch-nordischen »Schöpfungsmythen« der Thule-Leute.

*»Vor allem aber stützte die Welteislehre die Esoterik des Nationalsozialismus«,* schreibt Carmin, *»sie lieferte den Nachweis der magischen Verbindung zwischen Mensch und Kosmos, und das war auch der Sinn dieser Wissenschaft. Sie war angetreten gegen die seelenlose abendländische Wissenschaft, angetreten, um sie zu erschüttern und zu zerstören, damit die Magie, der einzig wirklich dynamische Wert, wieder zum Leben erwachen könne.«*[165]

Auch wenn Carmin mit seiner Deutung zu weit geht: Die Nationalsozialisten wollten tatsächlich mit halbwissenschaftlichen Theorien wie der Welteislehre gegen die, wie es im NS-Jargon hieß, »liberale jüdische Vernunftlehre« vorgehen, also eigentlich gegen die Errungenschaften der Aufklärung. Das kommt sehr gut zur Geltung, wenn man einen Verfechter der Welteislehre wie Elmar Brugg zu Wort kommen läßt:

*»Die Welteislehre Hanns Hörbigers ist nicht nur eine wissenschaftliche Großtat, sie ist eine Lebenserkenntnis von größter Bedeutung, denn sie weist den innigen Zusammenhang zwischen Kosmos und allem irdischen Geschehen nach [...] Nach den Hörbigerschen Erkenntnissen der Welteislehre ist das Universum kein toter Mechanismus, dessen Teile sich allmählich abnützen, um*

*schließlich auseinander zu fallen, sondern ein Organismus in des Wortes wunderbarster Bedeutung, gleichsam ein lebendes Wesen, das den Odem seiner lodernden Kraft immer wieder auf neue Geschlechter seiner Menschenformen pflanzt.«*[166]

Für die Philosophie sind Weltbilder wie diese weder erstaunlich noch neu. Sie erinnern sowohl an die ionischen Kosmologen Thales und Anaximenes mit ihren Ur-Sachen-Lehren (die Ursache ist das Wasser, im anderen Fall die Luft), als auch an Heraklit, der das Feuer als Ur-Sache ansah und, wie Hörbiger das später auch tat, die Entstehung des Kosmos auf Verdichtungen und Verdünnungen dieser Ur-Sache zurückführte.

Was bei den Vorsokratikern, wie Horkheimer und Adorno sagten, »gerade erst rationalisierte Niederschläge der mythischen Anschauung«[167] waren, wurde bei Hörbiger zu gerade mythologisierten Niederschlägen der logischen Anschauung. Was einst eine Revolution des Denkens war, sollte jetzt wieder eine werden – die Revolution des bewußten Rückschritts.

Erstaunlich an der Welteislehre ist lediglich, daß sie im 20. Jahrhundert entstand und eine solche Verbreitung fand – in einer Zeit, da die Atomphysik ihre größten Fortschritte machte und die Relativitätstheorie schon längst etabliert war. Natürlich wollten die NS-Machthaber über die Ergebnisse der exakten Wissenschaften auch nicht so einfach hinweggehen – im SS-Ahnenerbe Himmlers sollte die Welteislehre sogar formal wissenschaftlich bewiesen werden, wie wir in einem späteren Kapitel sehen werden. Ein allerdings unmögliches Unterfangen, wie alleine schon die gewagte vernichtende Gegenschrift der Babelsberger Universitätssternwarte aus dem Jahr 1938 zeigt:

*»Die Welteislehre ist ein für das Ansehen Deutschlands*

*tief bedauerlicher Rückfall in eine längst überwundene primitive Vorstufe der wissenschaftlichen Forschung, die noch im frühen Mittelalter, im Zeitalter der Scholastik, mit einigen seltenen Ausnahmen vorherrschend war. Charakteristisch für die Welteislehre ist die Ablehnung der Ergebnisse des Experimentes und der Beobachtung und die rein gedankliche Konstruktion eines Weltbildes auf Grund gänzlich unbewiesener, ja vielfach widerlegter Voraussetzungen, die wie Axiome behandelt werden.«*[168]

Viel deutlicher kann man es nicht sagen, wobei die den nationalsozialistischen Sprachgebrauch direkt kritisierende Wortwahl bemerkenswert ist: Es ist von »Rückfall« statt von »Rückerinnerung« die Rede, von »primitiver Vorstufe« statt von »uraltem Wissen«.

Es scheint, als erfüllte die Welteislehre auf wissenschaftlichem Gebiet jene mystische Sehnsucht, die Rosenberg ganz bewußt anspricht und die auch die nationalsozialistische Symbolik, auf die ich noch zurückkommen werde, zu befriedigen versuchte. Eine Vernunftfeindlichkeit, ein Antirationalismus machte sich breit.

Man mag mit Paul Feyerabend einwenden, »daß Rationalität und Wissenschaft einander oft ausschließen, daß der Konflikt nicht zufällig ist und daß ein Bestehen auf den Maßstäben und Regeln der Rationalität die Wissenschaft oft schwer geschädigt hätte«.[169] Das ist zweifellos richtig, denn die meisten großen Entdeckungen wurden gegen alle Grundsätze der jeweils herrschenden Lehre gemacht. Auch stimmt es, daß die moderne Wissenschaft wesentlich in der Magie gründet[170] und der erste Alchemist im Grunde der erste experimentelle Forscher war.

Doch geht es hier weniger um die Verteidigung der modernen Wissenschaften, sondern darum, die verheerenden Auswirkungen einer Verbindung zwischen Wissenschaft und herrschender Ideologie, letztlich also zwischen Wissenschaft und Staat aufzuzeigen. Denn Hörbigers Lehre war vielleicht originell und teilweise auch mit den Erkenntnissen der exakten Forschung versehen. Doch er verpaßte ihr einen »ideologischen Überbau«, indem er sie mit den bereits angesprochenen und damals sehr populären Mythen verband: So sprach auch Hörbiger von längst vergessenen, versunkenen Hochkulturen, von anderen Kontinenten, Monden, Welten, von der Erinnerung an den einstigen Übermenschenstatus. Für den Nationalsozialismus stellte das natürlich eine leicht in seinem Sinn zu interpretierende Lehre dar. Wieder einmal verband sich »uraltes Wissen« mit »neuer Erkenntnis«, um die Überlegenheit des Ariers und die Minderwertigkeit der anderen Rassen zu legitimieren. Durch verschiedene kosmische Strahlungen komme es nämlich laut Hörbiger zu Mutationen, entstünden Übermenschen, Riesen, aber auch degenerierte Formen, Zwerge und Gnome. Diese Mutationen unterlägen einem bestimmten Rhythmus, der in Jahrtausenden zu bemessen sei. Ein Gedanke, der Hitler, glaubt man Hermann Rauschning, gefallen haben dürfte:

> *»Die Schöpfung ist nicht am Ende, wenigstens was dieses Lebewesen Mensch anbelangt. Der Mensch steht biologisch gesehen eindeutig an einem Scheidepunkt. Eine neue Menschenspielart beginnt sich abzuzeichnen. Durchaus im naturwissenschaftlichen Sinne einer Mutation«.*[171]

Der Weltkrieg, den die Nationalsozialisten ganz im Sinne eines Welten-Krieges verstanden, wird, spinnt man die Gedanken des »Führers« weiter, zu einem notwendigen Entwicklungssprung zur Höherentwicklung der Menschheit. Wie für Hörbiger war auch für Hitler die Katastrophe, der

Untergang die Bedingung des Fortschritts. Joachim C. Fest über Hitler:

> *»Er war wie behext von der Vorstellung einer großen Weltkrankheit, von Viren, Termitenfraß und Menschheitsgeschwüren, und wenn er sich später der Welteislehre Hörbigers zuwandte, so überzeugte ihn daran vor allem die Rückführung von Erdgeschichte und Menschheitsentwicklung auf gewaltige kosmische Katastrophen. Wie fasziniert spürte er Untergänge nahen, und aus diesem Sintflut-Aspekt seines Weltbildes leitete er seinen Berufungsglauben ab, den missionarischen, heilsbringerischen Zug seines Bewußtseins vor der Geschichte.«*[172]

Wenn hier auch nicht von okkulter Lehre im engeren Sinn gesprochen werden kann: Das Denken in Jahrmillionen, in Äonen und kosmischen Unendlichkeiten, das Beschwören eines Weltenkampfes, in dem die gute »andere Kraft« das Böse »wieder zum Luzifer zurückwirft«[173] (»Mein Kampf«), die Erlösergestalt und der göttliche Mensch sind Archetypen magisch-esoterischer Denkungsart.

Wie diese politische Esoterik zu einer esoterischen Politik paßte, davon handelt der nächste Teil dieses Buches.

# ZWEITER TEIL: DIE »BRAUNEN MAGIER«

*»Der ganze soziale Körper wird von einer einzigen Bewegung belebt. Es gibt keine Individuen mehr. Sie sind sozusagen die Einzelteile einer Maschine oder, besser noch die Speichen eines Rades, dessen magischer, tanzender und singender Rundlauf das ideale, vielleicht urtümliche Bild wäre, welches auch heute noch in den genannten Fällen und auch anderswo wiederkehrt. Seine rhythmische, gleichmäßige und kontinuierliche Bewegung ist der unmittelbare Ausdruck eines Geisteszustandes, in dem das Bewußtsein jedes einzelnen von einem einzigen Gefühl, einer einzigen halluzinatorischen Idee, nämlich der des gemeinsamen Zieles übermannt wird. […] In der Bewegung ihres Tanzes und im Fieber ihrer Erregung durcheinandergewürfelt bilden sie nur noch einen einzigen Leib und eine einzige Seele. Erst dann ist also der soziale Körper wahrhaft realisiert, denn in diesem Augenblick sind seine Zellen, die Individuen, vielleicht ebensowenig voneinander isoliert wie die des individuellen Organismus. Unter solchen Bedingungen (die in unseren Gesellschaften nicht mehr, nicht einmal von der erregtesten unserer Massen, realisiert werden, die man anderswo aber durchaus noch antreffen kann) vermag die universelle Übereinstimmung Realitäten zu schaffen.«*[1]

Dieser Text stammt aus dem Jahre 1902/03. Es handelt sich

um einen Auszug aus Marcel Mauss' »Entwurf einer allgemeinen Theorie der Magie«. Möglicherweise hätte der Anthropologe seine These, daß solche Begebenheiten in unserer Gesellschaft nicht mehr anzutreffen seien, angesichts der nationalsozialistischen Massenkundgebungen relativiert. Das soll keinen Anlaß zu weiteren »Magier Hitler«-Spekulationen geben, höchstens einen Hinweis darauf, welche Ziele der Rückgriff auf mythisch-magische Weltbilder in extremistischen Bewegungen verfolgt.

## Rituale und Symbole

Über die Inszenierung der Massenveranstaltungen und über die Symbole der nationalsozialistischen Propaganda sind bereits historische, psychologische, soziologische, philosophische und sogar theaterwissenschaftliche Arbeiten geschrieben worden. Ich will mich hier auf die magischen Aspekte, auf die okkulte Herkunft und den Zweck der Symbole beschränken.

Was heißt magisch? Für die nachfolgenden Ausführungen sollten wir vom Bild des Medizinmannes oder Zauberers Abschied nehmen. Magie ist im Grunde genommen etwas sehr Banales. In Anlehnung an C.G. Jung wollen wir Magie als das Beschwören von Naturkräften durch bestimmte Rituale definieren, wobei diese Naturkräfte natürlich humaner psychischer Natur sein können, wie Jung meinte.[2] Magie entsteht also in der Psyche des Menschen und durch gewisse Formen der Kommunikation zwischen Menschen.

Die Berufung auf eine Tradition und der Einsatz von Archetypen sind sowohl für den Okkultismus als auch für den Nationalsozialismus bezeichnend, was auch Jungs anfängliche Begeisterung für das Dritte Reich erklären mag. Ganz bewußt wurden »uralte«, traditionelle, in Vergessenheit geratene Feste und Bräuche wieder eingeführt, um das Volk zu vereinen, einzuschwören, ihm einen Ersatz für die Kult-los gewordene Kirche zu bieten.

Sonnwendfeiern wurden im ganzen Land veranstaltet, der Christbaum feierte seine Renaissance, heilige Kultplätze der arisch-germanischen Vorfahren wurden wiederbelebt. Hitler:

> *»Es beginnt jetzt wieder die Zeit, das [ sic] Feste gefeiert werden können, weil wir es erleben, daß der Wille wieder gestärkt, der Glaube wieder lebendig wird, Charakter und Gesinnung wieder heraustreten.«*[3]

In Wahrheit verhielt es sich wohl genau umgekehrt: Von den Festen erhoffte man sich die Stärkung des Willens und des Glaubens – an das Regime. Dieser Mißbrauch des Brauchtums durch den NS-Staat zeigt heute noch Folgen: Was einst von der Kirche als heidnisch verboten und dann von den Nationalsozialisten für ihre Zwecke verwendet wurde, wird heute als faschistisches Gedankengut mißtrauisch beäugt oder von der Tourismusindustrie verfälscht und vermarktet.

Die Nazis versuchten, den Mythos durch das Ritual und den Kult wieder zum Leben zu erwecken. Gugenberger und Schweidlenka: »Ein lebendiger Mythos ist immer mit einem Ritual bzw. einem Kult verbunden. […] Im Ritual wird der Mythos erlebte Wirklichkeit.«[4]

Traditionelle Feste und Symbole waren notwendig, um den »Glauben« zu stärken. Alfred Rosenberg:

> *»Wir wissen dabei – und dies ist mitentscheidend – daß eine echte Weltanschauung nicht allein in theoretischen Grundsätzen, auch nicht nur in seelischen Bekenntnissen sich schöpferisch äußern wird, sondern daß sie symbolhafte Gestalt annehmen muß. Denn es ist nicht wahr, daß nur der Geist und die Seele notwendig sind, um den*

*ganzen Menschen zu erfassen, sondern genau so gehört zur Ganzheit des Menschen die Welt des Auges und die Welt des Ohres.«*[5]

Rosenberg meint »die heldischen Klänge« der nationalsozialistischen Musik bei den Massenaufmärschen, aber mehr noch »die Welt des Auges«:

*»Denn vor unseren Augen flattern in endloser Zahl immer wieder die Standarten mit unseren Symbolen vorüber, und mit diesen Fahnen und Standarten verknüpfen sich immer wieder die Erinnerungen an die große Zeit der ersten Kämpfe, die Opfer, die für diese ehrwürdigen Zeichen gebracht worden sind und die Erinnerungsfeiern an den Gräbern unserer Dahingegangenen, an denen diese Fahnen sich tausendmal senkten.«*[6]

Einiges ist bemerkenswert an diesen Aussagen. Etwa die Verwendung von symbolhaften Bildern, die in »endloser Zahl« »immer wieder« eingesetzt werden, um diese Bilder auch in den bewußten oder unbewußten Schichten der menschlichen Seele einzupflanzen. Gustave Le Bon hat in seinem verbreiteten Werk »Psychologie der Massen«, das Hitler kannte, wiederholt darauf hingewiesen, daß eine Idee den Massen nur suggeriert werden könne, wenn sich diese in ihrem Geist in bildhafter Form widerspiegelt. Die bildhafte Form wiederum würde durch die Wiederholung von Zeichen, Worten und Redewendungen hervorgerufen, die jene geheimnisvolle Macht besäßen, die ihnen einst in der Magie zugesprochen wurden.

Auch Sigmund Freud hat sich in seiner Studie »Massenpsychologie und Ich-Analyse« dem Phänomen der »Masse« genähert. Da heißt es etwa, in Anlehnung an Le Bon:

*»Die Masse ist impulsiv, wandelbar und reizbar. Sie wird fast ausschließlich vom Unbewußten geleitet. Die Impulse, denen die Masse gehorcht, können je nach Umstän-*

*den edel oder grausam, heroisch oder feige sein, jedenfalls aber sind sie so gebieterisch, daß nicht das persönliche, nicht einmal das Interesse der Selbsterhaltung zur Geltung kommt. Nichts ist bei ihr vorbedacht [...] Sie hat das Gefühl der Allmacht, für das Individuum in der Masse schwindet der Begriff des Unmöglichen.«*[7]

Den Nazis war das bewußt. Alfred Rosenberg:

*»Jede echte Sehnsucht schafft sich ein Symbol. Beim Anblick eines solchen Symbols werden im schlichtesten Menschen alle Ideen, Persönlichkeiten, Erlebnisse lebendig, die sich an das Zeichen geheftet haben.«*[8]

Wenn wir bei unserer Definition von Magie als der Beschwörung von Naturkräften (auch psychischen) durch bestimmte Rituale bleiben, so handelt es sich bei den NS-Veranstaltungen tatsächlich um eine Art magisches Ritual. Die wiederholte Anschauung eines Symbols, das wiederholte Sprechen einer Formel sind Bestandteil aller okkulten Einweihungsriten. Hiermit soll nicht etwa ausgedrückt werden, wie das die einschlägige Literatur gerne tut, daß es sich bei den Nazi-Ritualen um »Masseneinweihungen« gehandelt habe, daß ein bewußter magischer Plan hinter den Herrschaftspraktiken stand. Nur die Ähnlichkeit dieser Rituale mit der okkulten Tradition soll aufgezeigt werden, wobei die Frage, ob die Anleihe beim Okkulten bewußt oder unbewußt genommen wurde, schwierig zu klären ist und sein wird.

Sie ist jedenfalls das Kennzeichen vieler politischer Massenbewegungen, worauf auch Horkheimer und Adorno hingewiesen haben: Ein wesentlicher Teil der Magie sei die Mimesis, also die Nachahmung oder Wiederholung der zu beschwörenden oder zu bannenden Wirklichkeit.

*»Die ausgeklügelten Symbole, die jeder konterrevolutionären Bewegung eigen sind, die Totenköpfe und Ver-*

*mummungen, der barbarische Trommelschlag, das monotone Wiederholen von Worten und Gesten sind ebensoviel organisierte Nachahmung magischer Praktiken, die Mimesis der Mimesis.«*[9]

Wobei hinzugefügt werden muß: Die Nachahmung magischer Praktiken ist nicht nur den »konterrevolutionären« Bewegungen eigen. Es wäre zwar schwieriger, aber nicht unmöglich, ähnliche Betrachtungen über »linke« Ideologien anzustellen. Schwieriger deshalb, weil diese jeden Rückgriff auf mythologisches oder magisches Gedankengut verschämt verbergen.

Auch der Okkultismus ist übrigens keineswegs ein »rechtes« Phänomen: So etwa kämpfte H.P. Blavatsky, wenn man den Biographien glauben darf, in Garibaldis Armee für die Unabhängigkeit Italiens. O.T.O.-Chef Theodor Reuß und die Theosophin Annie Besant waren Mitglieder der »Socialist League«, die sich um William Morris und Eleanor, die Tochter von Karl Marx, gebildet hatte.[10]

Selten jedoch hat sich eine politische Bewegung mit einer solchen Offenheit zur Remythologisierung der Gesellschaft bekannt wie der Nationalsozialismus. Und nie mit solchem »Erfolg«.

Auch das massenhaft gerufene »Sieg Heil« und der Führergruß »Heil Hitler« gehören natürlich zu diesen Ritualen, die ebenfalls einen Rückgriff auf stammesgeschichtliche Riten zeigen: »Das zweite Element, das bei primitiven Beschwörungen sehr auffallend ist, ist der Gebrauch von Worten, die das Gewünschte heraufbeschwören, statuieren oder befehlen«[11], schreibt der Ethnologe Malinowski über die Ursprünge der Magie.

Die bewußtseinsausschaltende Wirkung von monotonen Wiederholungen auf die menschliche Psyche ist bekannt. Es ist dies nicht nur eine Methode des Okkultismus, sondern auch zahlreicher religiöser Traditionen (Rosenkranzbeten, Mantras, Invokationen …) Im Dritten Reich wurde die Wiederholung der Formel »Heil Hitler« zur Pflicht, zum offiziellen Gruß. Ein ganzes Volk war dazu angehalten, eine Formel zu beten, nicht sinnlos, aber sinnleer wie ein Zauberspruch: »Heil Hitler« mag zwar den Wunsch nach einem mächtigen und gesunden Herrscher ausdrücken, doch wie sehr der Spruch eigentlich absurde Formel war, beweisen die zahlreichen Witze, in denen in Anspielung auf Hitlers Herkunft von »Heil Schicklgruber« die Rede war.

Eine besondere Stellung im Okkultismus (und im Nationalsozialismus) haben Symbole, Zeichen, Rituale. Auch hier beruft man sich auf alte Überlieferungen, zum Beispiel das Hakenkreuz.

Es gibt zahlreiche Mutmaßungen darüber, wer das Hakenkreuz wann und warum für die NSDAP entworfen habe. Sebottendorff reklamiert den Entwurf für die Thule-Leute[12], Pauwels/Bergier kolportieren, Haushofer habe das Emblem gewählt[13], was der sonst gewissenhaftere Doucet bereitwillig übernimmt[14]. Schwarzwäller wiederum berichtet in seiner Heß-Biographie:

> *»Die Hakenkreuzflagge der Nazis hatte ein Zahnarzt namens Doktor Friedrich Krohn, ein ehemaliger Thule-Mann, Leiter der DAP-Ortsgruppe Rosenheim, entworfen. Die Haken des Kreuzes waren nach links gerichtet. Hitler, dem das nicht gefiel, nahm eine Änderung vor, bei der es dann blieb: Die Haken des Kreuzes waren nach rechts gerichtet!«*[15]

Stichhaltige Beweise für all diese Behauptungen gibt es nicht. Das früheste Dokument, das ich über das Nazi-Hakenkreuz finden konnte, stammt von Hitler selbst. In einer Aufzeichnung aus dem Jahr 1920 heißt es:

> *»Wir müssen den Kult erneuern, der alten Germanen.*

*Wir Nationalsozialisten sollten uns eines Ihrer [sic] alten Zeichen annehmen.«*

Und in einem Text zu fünf Zeichnungen, unter denen sich auch das Hakenkreuz befindet, aus dem selben Jahr heißt es:

*»Die heiligen Zeichen der Germanen: Eines dieser Zeichen sollte von uns wieder erhoben werden.«*[16]

Hitler selbst zeichnete im Jahr 1920 verschiedene Entwürfe für Parteiabzeichen und -fahnen, darunter auch das schwarze Hakenkreuz im weißen Kreis auf rotem Hintergrund. Er schrieb dazu, das Hakenkreuz sei »ein uraltes, heiliges Zeichen, das Sinnbild der Sonne«.[17]

Tatsächlich war das Hakenkreuz durch ariosophische, theosophische und neuheidnische Gruppen populär und weit verbreitet. Hitler hat es außerdem aller Wahrscheinlichkeit nach schon in der Kindheit kennengelernt: Er besuchte die Klosterschule des Benediktinerstiftes Lambach, dessen Abt Hagen ein stilisiertes Hakenkreuz aus seinem Wappen an mehreren Stellen des Klosters anbringen hatte lassen.[18]

Auf die Frage der Herkunft des Hakenkreuzes soll hier nicht näher eingegangen werden. Als Ursprungsländer werden Indien, China, Nordamerika, Süd- und Mittelamerika,

*Rechtsdrehendes (rechts) und linksdrehendes (links) Hakenkreuz. Wenn man sich das Hakenkreuz als kleines Windrad vorstellte und hineinbliese, dann würde es sich im Fall des nationalsozialistischen nach links drehen. Ich bezeichne es also als linksdrehend.*

Nordeuropa, Kleinasien usw. angegeben – der geographischen Phantasie sind keine Grenzen gesetzt. Tatsächlich dürfte das Hakenkreuz, auch in seiner abgerundeten Form, auf der ganzen Welt verbreitet gewesen sein. Um es als »arisches« Symbol zu bezeichnen, muß man den Begriff des Ariers jedenfalls sehr weit ausdehnen, womit die Propaganda des Dritten Reichs allerdings keine großen Schwierigkeiten hatte.

Auch über die Frage der Ausrichtung des Kreuzes herrscht eine unglaubliche Verwirrung, bei der es sich in erster Linie um eine Begriffsverwirrung handeln dürfte: Das NS-Kreuz wird sowohl als rechtsläufig, linksläufig, rückläufig, linksdrehend, rechtsdrehend und aufsteigend bezeichnet, eine Frage, die vielleicht sprachlich nicht besonders wichtig ist, dafür aber eine eminente symbolische Bedeutung hat.

Man mag das Problem als nebensächlich ansehen. Aber in allen als magisch oder okkultistisch zu bezeichnenden Schriften wird die Wichtigkeit der Exaktheit des Zeichens oder der genauen Ausführung gewisser Rituale betont. Schon der kleinste Fehler könne das ganze Werk zunichte machen: »Hingegen finden wir oft die Überzeugung, daß Magie nur bei absolut unverfälschter, fehlerfreier Übermittlung ihre Wirksamkeit behält. Die geringste Abweichung von der ursprünglichen Form wäre verhängnisvoll«[19], schreibt Malinowski.

Das gilt natürlich auch für alle religiösen Rituale: Das Gebet, der Kult, die Anrufungen müssen nach ganz bestimmten Regeln erfolgen, um ihre Wirksamkeit zu haben. Man stelle sich einen katholischen Priester vor, der das Kreuz bei einer Prozession verkehrt herum hielte: Man würde ihn der Ketzerei bezichtigen.

Ganz ähnlich verhält es sich mit dem Hakenkreuz. Rosenberg erkannte die Wichtigkeit des Symbols:

*»Aber ein neues Symbol ist bereits emporgehoben und ringt mit allen anderen: Das Hakenkreuz. Wird dies Zeichen entrollt, so ist es Gleichnis für altneuen Mythus; die es schauen, denken an Volksehre, an Lebensraum, an nationale Freiheit und soziale Gerechtigkeit, an Rassenreinheit und lebenserneuernde Fruchtbarkeit. Immer mehr wird es umwittert auch von Erinnerungen an jene Zeit, da es als Heilszeichen den nordischen Wanderern und Kriegern voranzog nach Italien, Griechenland, da es zögernd noch in den Freiheitskriegen auftauchte, bis es nach 1918 das Gleichnis eines neuen Geschlechts wurde, das endlich ›eins mit sich selbst‹ werden will.«*[20]

Das Hakenkreuz, wie die Nationalsozialisten es benutzten, war allerdings weder ein Zeichen für »Rassenreinheit«, noch das Heilszeichen der »nordischen Wanderer« – und schon gar nicht ein Zeichen, das mit Lebenserneuerung, Fruchtbarkeit und Einssein mit sich selbst zu tun hat: Das Kreuz der Nationalsozialisten war linksdrehend, also traditionell ein Symbol für Auflösung, Abstieg, Tod. Es ist das Kreuz, das Buddha auf zahlreichen Darstellungen mit Füßen tritt.[21] Chinesische, griechische und indianische Darstellungen des Hakenkreuzes als Licht- und Sonnensymbol zeigen alle ein rechtsdrehendes Kreuz – dem der Nationalsozialisten entgegengesetzt. Doucet:

*»Das Hakenkreuz des Nationalsozialismus war, wie gesagt, als Symbol der Wiedererneuerung gedacht. Aber es erscheint als Parteiabzeichen wie auf der Flagge in der Gegenrichtung des Sonnenlaufs, also in der Richtung vom Bewußtsein zum Unbewußten. Das genaue Studium aller Stellen der nationalsozialistischen Literatur, die sich auf die Bedeutung des Hakenkreuzes als Symbol beziehen, ergibt offensichtlich, daß die Wahl des linksläufigen Symbols nicht bewußt erfolgte.«*[22]

Das Unbewußte sei allerdings, so Doucet weiter, eine ebensolche Realität wie physikalische oder elektronische Energien: Unsichtbar, aber wirkungsvoll. Das Hakenkreuz als Symbol mit einem bildhaften und einem praktischen Sinn sei ein Produkt des kollektiven Unbewußten, von den Auswirkungen her Jungs Archetypen nicht unähnlich. Es sei also mit dem linksdrehenden Hakenkreuz, so die Schlußfolgerung, ein unbewußtes aber nichtsdestoweniger wirksames Symbol für destruktive und lebensbedrohende Kräfte gewählt worden[23] – ein Programm, das, wie bekannt, erfüllt wurde.

Vom Hakenkreuz abgesehen, gab es natürlich eine ganze Anzahl anderer Zeichen und Symbole, von ihrer Herkunft ähnlich »uralt« wie dieses. Sie wurden gezielt ausgewählt und eingesetzt.

Eines davon war die doppelte Sig-Rune »SS«, die den frühgeschichtlichen und okkulten Interessen des »Reichsführers SS«, Heinrich Himmler, entgegengekommen sein dürfte. Die spätere vorgeschichtliche Schulung der SS-Männer beinhaltete übrigens auch Runenkunde.[24]

> *»SIG und SAL – Sieg und Heil – ist ein alter germanischer Gruß. Sal, Salve, Salam, Salem, Selam, Schalom bedeuten Heil, Gesundheit, Frieden; der Sal-man, der Schamane, Salomon und Soliman sind Bezeichnungen für den Heiler und Friedenstifter«,*

heißt es in Zoltan Szabós »Buch der Runen«.

Und der Sig-Rune, die Sonne, Sieg und Heil bedeutet, wird folgender Orakelspruch zugeordnet:

> *»Ein elftes kann ich, wenn alte Freunde*
> *ins Gefecht ich führen soll:*
> *in die Schilde raun ich, und ruhmvoll ziehn sie*
> *heil zum Handgemenge,*
> *heil vom Handgemenge,*
> *kehren heil wieder heim.«*[25]

Das Zeichen für die SS liegt für Szabó im Spannungsfeld zwischen Krieg und Frieden (auch unser heutiges Zeichen für Hochspannung ist die Sig-Rune mit einem Pfeil).
Daß aus »Sieg und Heil« Niederlage und Unheil geworden ist, liegt für Szabó in der Natur der magischen Zeichen: »Wo viel Licht ist, da ist auch viel Schatten. Die SOL-SIG-SAL-Rune besitzt sowohl eine helle als auch eine dunkle Seite, sie kann den heilenden Sieg der Sonne bedeuten und bewirken, aber auch die totale Zerstörung, wie es der Nationalsozialismus vorexerziert hat.«[26]
Wie auch immer: Die totemistisch anmutenden Symbole der NS-Bewegung, die »Blutzeugen« und die »Blutfahne« waren die äußerlichen Zeichen einer mythischen Regression. Und so kam es, wie es bei Rosenberg heißt, daß »heute wie vor 1000 Jahren wieder Herzog Widukind durch die Wälder und Täler Deutschlands«[27] ritt. Die Beschwörung, oder, moderner ausgedrückt, die Massensuggestion durch die magisch-okkulten Symbole, Zeichen und Rituale hatte gewirkt. Rosenberg hatte das erkannt:

> *»Die eine innere Wendung, eine Bejahung oder Verneinung entscheidet, millionenfach ausgesprochen, den Lebensstil, das Staatsgefüge, die Rechtsformen einer Rasse oder eines Volkes.«*[28]

## Der schwarze Orden

Eine besondere Stellung in der Literatur, die sich mit Nationalsozialismus und Okkultismus beschäftigt, nimmt die SS ein. Das hat verschiedene Gründe: Erstens die Persönlichkeit Heinrich Himmlers, der an verschiedenen okkulten Themenbereichen stark interessiert war. Zweitens die grenz-

wissenschaftlichen Ambitionen der SS, die sich etwa in Teilorganisationen wie »Ahnenerbe« und »Lebensborn« zeigten. Drittens die geheimbundartige und ordensstaatliche Idee, die der SS zugrunde lag.
Für unsere Untersuchung sind alle drei Bereiche interessant: Sie zeigen, wie eine der mörderischsten Organisationen der Geschichte ihre Weltanschauung aus okkulten Quellen nährte.
An dieser Stelle soll noch einmal darauf hingewiesen werden, daß dieses Buch sich mit einem Teilbereich des Nationalsozialismus beschäftigt. Es geht um den Nachweis einiger Gemeinsamkeiten, nicht um die direkte Ableitung des Nationalsozialismus aus dem Okkultismus. Alle anderen möglichen, umfangreichen Zugänge zum Thema Nationalsozialismus sollen und können in keiner Weise in ihrer Bedeutung gemindert werden.
Es ist wichtig, das zu betonen, vor allem, wenn es um die SS geht. Denn in der einschlägigen Literatur finden sich zahlreiche Mystifikationen der SS, die den politischen Einfluß und die mörderische Konsequenz dieser Verbrecherorganisation verharmlosen oder außer acht lassen. Die SS wird dargestellt als – vielleicht diabolische – Geheimgesellschaft, die in erster Linie auf der Suche nach den Geheimnissen der Welt und speziell des heiligen Grals war.[29]
Otto Rahn, SS-Mann sowie Katharismus-, Templer- und Ketzerforscher, ist einer der Helden dieser Literatur. Rahn, der in seinen Büchern »Kreuzzug gegen den Gral« (1933) und »Luzifers Hofgesind« (1937) eine zwar unwissenschaftliche, aber einfühlsame Geschichte der Gralssucher und gnostischer Bewegungen schrieb, habe innerhalb der SS einen esoterischen Zirkel aufgebaut.[30] Dieser Zirkel soll sich an den Katharern, einer von der Inquisition liquidierten gnostischen Glaubensbewegung des Mittelalters, orientiert ha-

ben. Rahn soll beauftragt worden sein, den Gral für die SS in Südfrankreich zu suchen. Ob er scheiterte oder nicht, ist nicht bekannt, ebensowenig wie die Todesursache Rahns, der 1939 unter mysteriösen Umständen verschwand – hier reichen die Spekulationen von Hinrichtung durch die SS über rituellen Freitod bis zu Selbstmord auf Auftrag.[31]

Der Gral hingegen, den auch Himmler in einschlägiger Umdeutung der SS-Expeditionen in Tibet und im Kaukasus gesucht haben soll, befinde sich nun im Zillertal. Das zumindest berichtet Jean-Michel Angebert in seinem Buch mit dem vielsagenden Titel »Hitler et la tradition cathare« (»Hitler und die katharische Tradition«). Nach Angebert habe »eine kleine Gruppe von SS-Offizieren« in den letzten Kriegstagen eine »schwere Bleitruhe« in den Bergen des Zillertals vergraben – »aller Wahrscheinlichkeit nach den Gral von Montségur.«

Ob König Artus und die Gralsritter mittlerweile auch mit dem Schifahren und Jodeln begonnen haben, ist nicht bekannt. Das Schicksal der SS-Offiziere, die den Gral versteckten, schon: Sie wurden später wiedergefunden – tot und »grauenhaft verstümmelt.«[32]

Auf phantasievolle Erfindungen wie diese oder andere übertriebene Darstellungen treffen wir auch, wenn es um die seltsamen Rituale der SS geht – ich werde darauf zurückkommen. Himmler erscheint darin als schwarzmagischer Hohepriester des Bösen hinter den Kulissen des Dritten Reichs.

Aber woher kamen diese Mystifikationen?

Walter Schellenberg, Chef des der SS unterstellten Geheimdienstes »Sicherheitsdienst« (SD), berichtet in seinen Memoiren von dem Verfahren gegen Generaloberst von Fritsch. Dieser von Fritsch sollte, wahrscheinlich durch eine Intrige Heydrichs, wegen angeblicher Homosexualität entmachtet werden – wobei eine Namensähnlichkeit mit einem vermutlich tatsächlich homosexuellen Rittmeister von Frisch ausgenützt wurde. Obwohl die SS, wie bekannt, auch andere Verhörmethoden kannte, dürfte es bei diesem »internen Fall« mit seltsamen Dingen zugegangen sein:

*»Hier wurde ich zufällig Zeuge einer der okkulten Marotten Himmlers, mit denen er selbst die Führer der SS beschäftigte. Er hatte während der Verhandlung gegen von Fritsch in einen dem Verhörzimmer nahegelegenen Raum etwa zwölf seiner vertrautesten SS-Führer beordert und diesen befohlen, durch Willenskonzentration einen suggestiven Einfluß auf den beschuldigten Generaloberst zu nehmen. Himmler war davon überzeugt, daß der Angeschuldigte unter dieser Einwirkung die Wahrheit reden müsse und bekennen werde, ob es sich nun um eine Namensverwechslung handele oder nicht. Ich betrat damals versehentlich die Stätte dieses seltsamen Exerzitiums und war nicht wenig verwundert über das Bild einer im Zirkel sitzenden, in tiefe Andacht versunkenen SS-Führerschaft. Dieser sonderbare Vorgang wird verständlich, wenn man einiges über die mystische Seite von Himmlers Charakter kennt.«*[33]

Über diese »mystische Seite« berichten Schellenberg und andere ziemlich ausführlich: Keiner bedauerte die nach dem Englandflug des »Esoterikers« Heß einsetzende Verhaftungswelle unter Astrologen, Hellsehern, Magnetopathen und Naturheilkundigen so sehr wie Himmler.[34]

Seinen eigenen Heiler, den Masseur Felix Kersten, war Himmler jedoch nie bereit zu opfern: Die fast neurotische Abhängigkeit Himmlers von den Künsten dieses Mannes wurde mit Kriegsbeginn immer stärker. Kersten, ein dicker, gemütlicher Mann ohne medizinische Ausbildung, behandelte Nerven- und Muskelkomplexe in der Art der chinesischen Meridianmassage und war offensichtlich in der Lage, neuralgische und neurasthenische Störungen innerhalb von Minuten zu beheben.[35]

Himmler traute Kersten auch zu, die geistigen Fähigkeiten von Menschen zu »erfühlen«. »Deshalb lasse er jeden, den er für wichtig halte, einer Art Testverfahren durch Kersten unterziehen,«[36] berichtet SD-Chef Schellenberg. Kaltenbrunner zum Beispiel sei durch einen solchen Test als Nachfolger Heydrichs im Reichssicherheitshauptamt ausgewählt worden. Kersten attestierte ihm die »Natur eines Ochsen« und die für seine Aufgabe nötige absolute Unsensibilität: »Vermutlich ist er nur in betrunkenem Zustande zum Denken fähig.«[37]

Allerdings gebrauchte Kersten seine Fähigkeiten lieber für andere Zwecke. Er gewann immer mehr Einfluß auf den magenkranken Himmler und brachte es sogar zuwege, dem Raub holländischer Kunstschätze Einhalt zu gebieten, Hinrichtungen auszusetzen und die Judendeportation in Finnland zu stoppen.

Heinz Höhne, Autor eines hervorragenden Standard-Werkes über die SS (»Der Orden unter dem Totenkopf«), schreibt:

> *»Kersten wich nicht mehr von Himmlers Seite. Er hatte bald begriffen, daß ihm die schmerzstillenden Hände eine Macht über Himmler verliehen, die nur dort ihre Grenzen fand, wo die Magie Adolf Hitlers begann. […] Die Geschichte des Felix Kersten erschien der Nachwelt so phantastisch und unglaubwürdig, daß die niederländische Regierung 1947 eine Historikerkommission … beauftragte, die Tätigkeit des einstigen holländischen Leibarztes Kersten zu untersuchen.«*[38]

Das Ergebnis war für den Leiter der Kommission, Professor Posthumus, eindeutig:

> *»Felix Kersten habe für Menschlichkeit und Frieden so*

*überwältigend viel getan, daß er, der Professor, zu behaupten wage, die Geschichte kenne kein vergleichbares Beispiel wagemutiger Philantropie.«*[39]

Doch Himmler umgab sich nicht nur mit einem regimefeindlichen Naturheiler, er ging sogar so weit, die verhafteten und internierten Okkultisten aus den Gefängnissen und Konzentrationslagern zu holen – um sie zu konsultieren.

Als Hitler 1943 der SS den Befehl erteilte, den von der Regierung Badoglio verhafteten Mussolini zu befreien, mußte zuerst einmal dessen Aufenthaltsort herausgefunden werden. Himmler setzte die Vertreter der »okkulten Wissenschaften« in einer Villa in Berlin in Klausur. Schellenberg:

*»Es waren dies Hellseher, Astrologen und Pendler, die den Aufenthaltsort des verschwundenen Duce ans Licht zu zaubern hatten. Die Séancen kosteten uns eine ziemliche Stange Geld, da der Bedarf an gutem Essen, Trinken und Rauchen der ›Wissenschaftler‹ ganz enorm war. Aber siehe da – ein ›Meister‹ des siderischen Pendels stellte nach einiger Zeit fest, Mussolini müsse sich auf einer Insel westlich von Neapel befinden. Und tatsächlich war der Duce auch zuerst auf eine der von ihm bezeichneten Ponza-Inseln gebracht worden. Und um wiederum der Wahrheit die Ehre zu geben, muß gesagt werden, daß dieser Pendler im Augenblick des Experiments keinerlei Verbindung mit der Außenwelt hatte.«*[40]

Doch es sollte nicht bei solchen eher skurrilen Experimenten bleiben.

## Treue bis zum Tode

Etwa ab 1935 begann Himmler, die SS von einer Kampftruppe in eine, nach seinen Vorstellungen, quasi-religiöse Organisation umzuwandeln: Nur noch »charakterlich und rassisch einwandfreie« Personen sollten aufgenommen werden, ein verbindender Korpsgeist und ein strenger Ehrenkodex sollten für den inneren Zusammenhalt sorgen. Heinz Höhne:

> *»Die Geheimsekte der SS ließ keinen Unbefugten in das Innere ihrer Organisation blicken; die Schutzstaffel der Führerdiktatur sollte ein Mysterium bleiben, dem Staatsbürger unheimlich und unbegreiflich gleich dem legendären Jesuitenorden, den die SS offiziell bekämpfte und doch bis ins kleinste Detail kopierte. Die Herren des schwarzen Geheimordens pflegten bewußt den Schreckenseffekt ihrer Existenz.«*[41]

Höhne erwähnt die Jesuiten, und das hat einen guten Grund. Die Beziehung Himmlers zur Katholischen Kirche und seine Vorliebe für Okkultes stehen in einem engen Naheverhältnis, das als neurotische Ambivalenz beschrieben werden kann. Streng katholisch erzogen, konnte er sich von der Kirche niemals lossagen, andererseits verfolgte er sie mit seinem ganzen Haß und ersetzte ihre Glaubenssätze durch sein verschwommenes okkult-mystisches Weltbild. Himmler bekannte einerseits:

> *»Was auch immer kommen mag, ich werde Gott immer lieben, werde zu ihm beten und werde der katholischen Kirche treu bleiben und werde sie selbst dann verteidigen, wenn sie mich verstoßen sollte.«*[42]

Andererseits zwang er die SS-Eliteeinheiten zum Kirchenaustritt, machte die Sakramente Geburt, Heirat und Tod zu SS-Weihen und wollte den Papst öffentlich hinrichten lassen.[43]

Schellenberg berichtet, was Himmler zu den hierarchischen Strukturen der SS inspirierte:

> *»Himmler besaß die beste und größte Bibliothek über den Jesuitenorden und hatte die umfangreiche Literatur*

*jahrelang in nächtlichen Stunden studiert. So wurde die SS-Organisation von ihm nach den Grundsätzen des Jesuitenordens aufgebaut. Als Grundlagen dienten die Dienstordnung und die Exerzitien des Ignatius von Loyola: das oberste Gesetz war das des absoluten Gehorsams, die Ausführung eines jeden Befehls ohne Widerspruch. Himmler selbst, als Reichsführer der SS, war der Ordensgeneral.«*[44]

Auch für ihn galt allerdings das Gebot des absoluten Gehorsams gegen seinen »Führer« Adolf Hitler, gegen den er sich nie aufzulehnen wagte, obwohl er heimlich daran dachte.[45]

Himmler war Befehlsempfänger und Pflichterfüller – ein Exekutor in jedem Sinn des Wortes. Als er zur Aufheiterung der berüchtigten »Einsatzgruppen« die Front bereiste, führte man ihm die Massenexekution von 200 Juden vor. Das ging vor Erfindung der Gaskammern meist so vor sich, daß die Gefangenen einen Graben schaufeln mußten, vor dem sie sich dann nackt aufzustellen hatten – Greise ebenso wie Jugendliche, Kinder und Mütter mit Babys. Ein SS-Mann mit einem Maschinengewehr erschoß die in einer Reihe aufgestellten Menschen, die in den Graben fielen. Andere SS-Männer mit Pistolen kontrollierten schließlich den Graben und richteten die noch lebenden Opfer mit gezielten Schüssen hin. Himmler war übrigens der einzige aus der hohen Führungsspitze des Regimes, der einer solchen Massenhinrichtung beigewohnt hat, »doch er wurde dabei nahezu ohnmächtig und erlitt anschließend einen hysterischen Anfall.«[46] Als er sich wieder gefaßt hatte, sagte er in einer Rede an die Mannschaft, daß jeder seine Pflicht erfüllen müsse, so schwer das auch sei.[47]

Die Judenvernichtung wurde mit wenigen Ausnahmen nicht von Perversen und Sadisten durchgeführt, sondern von »biederen Familienvätern«, die sich »gleichsam am Feierabend in dem Gefühl streckten, gesetzestreue, ordentliche Bürger zu sein …«[48] – von Leuten also, die ihre Pflicht erfüllten und wie der »Reichsführer SS« mit einem »jesuitischen Gehorsam« ausgestattet waren. Selbst Hitler soll Himmler einmal »meinen Ignatius von Loyola« genannt haben.[49]

Doch der Gehorsamsgedanke ist nicht der einzige Berührungspunkt zwischen Jesuiten und SS: Beide Organisationen waren mit Sonderrechten ausgestattet, hatten ihre eigene Gerichtsbarkeit und strengste Aufnahmebedingungen. Oberstes Prinzip, das als Gelübde abgelegt wurde: Blinder Gehorsam gegen den Papst bzw. gegen den Führer. Auch Himmlers Idee, nach dem Krieg ein SS-Reichsland Burgund mit autonomer Verwaltung zu gründen, erinnert stark an den Jesuiten-Staat in Paraguay.

Auch in den Aufnahmeriten gibt es starke Parallelen zwischen der SS und der Gesellschaft Jesu, deren Statuten ihrerseits auf frühere Geheimbünde wie Templer, Rosenkreuzer und alchemistische Bruderschaften zurückgehen dürften.[50]

Die Ähnlichkeit zu Einweihungsriten von Stammesgesellschaften ist ebenfalls auffällig. Malinowski:

> *»Um den Charakter der primitiven religiösen Zeremonien und ihre Funktion besser zu verstehen, wollen wir die Zeremonien der Initiation analysieren. Sie zeigen über den ganzen weiten Bereich ihres Vorkommens gewisse auffallende Ähnlichkeiten. So müssen sich die Novizen einer mehr oder weniger langen Periode der Zurückgezogenheit und der Vorbereitung unterziehen. Dann folgt die eigentliche Initiation, bei der der Jugendliche eine Reihe von schweren Prüfungen durchlaufen muß, um zuletzt einem Akt der Körperverletzung unterworfen zu werden: in der mildesten Form ein leichter Schnitt oder das Ausschlagen eines Zahnes […]«*[51]

Auch im Mittelpunkt der SS-Ausbildung standen Erprobung, Einweihung und Schwur. Wie bei den Templern dauerte es bei den »Staffel-Anwärtern« ein Jahr, bis sie zu SS-Männern wurden. Dazwischen lagen Arbeitsdienst, Dienst in der Wehrmacht, ideologischer Drill und – wichtig auch in den Aufnahmeriten geheimer Gesellschaften – der Eid auf die Organisation und ihren Führer. Im Falle der SS:

*»Ich schwöre Dir, Adolf Hitler,*
*als Führer und Kanzler des Deutschen Reiches*
*Treue und Tapferkeit.*
*Ich gelobe Dir und den von Dir bestimmten Vorgesetzten*
*Gehorsam bis in den Tod,*
*So wahr mir Gott helfe.«*[52]

Als äußeres Zeichen dieses Schwures erhielt der junge SS-Mann eine Tätowierung, die als Blutgruppenkennzeichnung durchaus ihren praktischen Sinn hatte. Friedrich W. Doucet sieht darin aber auch eine tiefere Bedeutung:

*»Durch die Tätowierung der Blutgruppe kam im übertragenen Sinne eine gemeinsame Blutsbrüderschaft zustande. Der Ritus der Blutsbrüderschaft war bei den germanischen Stämmen ebenso üblich wie bei den mittelalterlichen Ritterorden.«*[53]

Auch Höhne sieht in den Aufnahmezeremonien die Symptome einer versuchten Rückkehr zur magisch-mythologischen Weltanschauung:

*»Die Eideszeremonie sollte den Neuling einen Hauch von jenem mystischen Band spüren lassen, das den charismatischen Führer mit seinen schwarzuniformierten Kultdienern vereinigte. Besonders magisch vollzog sich der Schwur in der Verfügungstruppe; der Eid wurde dort (anders als bei der Allgemeinen SS) an jedem 9. November um 22 Uhr in Gegenwart Hitlers an den heiligen Stätten des Nationalsozialismus in München geleistet.«*[54]

Die Nationalsozialisten übernahmen von religiösen und okkulten Traditionen die Überlieferung von der Wichtigkeit des richtigen Zeitpunkts und des richtigen Orts. Auch hier handelt es sich um sehr alte Überlieferungen, wie ein weiteres Zitat aus der Völkerkunde zeigt, diesmal von Marcel Mauss:

> *»Der Moment, in dem der Ritus vollzogen werden muß, wird sorgfältig gewählt. [...] Die magische Zeremonie läßt sich nicht an beliebigen, sondern nur an bestimmten ausgezeichneten Plätzen vornehmen. [...] Auf dem Gebiet der Magie benutzt man bestimmte Stoffe und Instrumente, wobei auch die letzteren nie beliebige sind.«*[55]

Die Münchner Feldherrnhalle wurde zum Kraft- und Opferplatz, der 9. November, Jahrestag des Putschversuchs von 1923, zum Gedenktag für die dabei erschossenen »Nazi-Heiligen«; die nächtliche Stunde, das Aufgehen in der Masse, der Fackel- und Fahnenzauber taten das ihre:

> *»Prächtige junge Männer, ernst, in tadelloser Haltung und Ausrüstung. Eine Elite. Mir traten die Tränen in die Augen, als die Tausende bei Fackelschein im Chor den Treueschwur sangen. Wie ein Gebet«,*

berichtete der Zeitzeuge Emil Helfferich in seinen Erinnerungen.[56]

Rituale wie diese wurden von anderen, wiederum den Geheimgesellschaften abgeschauten Gebräuchen begleitet: Die Ehre des Ordens durfte bei Duellandrohung nicht beleidigt werden. War der SS-Mann selbst einer schweren Verfehlung schuldig, so »durfte« er Selbstmord begehen. Totenkopfring und Ehrendegen wurden als Insignien für besondere Verdienste verliehen – ähnliche Symbole verwendeten übrigens auch die von Himmler so gefürchteten Freimaurer bei ihren Zeremonien.[57]

Himmler, als Kenner der Religionsstifter, wußte, daß nicht

nur Dogmen, Schulungsvorträge und Weihestunden von Wichtigkeit waren, sondern auch eine kultisch-rituelle Form mit ihren Symbolen und Zeichen. Totemistische Gegenstände wie eben Degen und Totenkopfring mit Runenzeichen waren wie alle kultischen Symbole dafür vorgesehen, die Kraft des Glaubens an SS, Führer und Vaterland immer wieder zu erneuern – eine ebenso einfache wie wirkungsvolle Kopie von magischen und religiösen Praktiken.

Der »Geschichtsromantiker Himmler«[58] vertiefte sich immer mehr in seine Wahnideen, was ihn schließlich auch die alten Sagenbücher studieren ließ. Wie an König Artus' Tafel durften auch an seinem Tisch nur zwölf Auserwählte sitzen.[59]

Auch Schellenberg berichtet:

> *»Bei Paderborn in Westfalen hatte er eine mittelalterliche Burg, die sogenannte Wewelsburg, ausbauen lassen – sie war sozusagen das große ›SS-Kloster‹, wohin der Ordensgeneral einmal jährlich das Geheimkonsistorium einberief. Hier sollten alle, die zur obersten Ordensführung zählten, geistige Exerzitien und Konzentrationsübungen abhalten. In dem großen Versammlungssaal besaß jedes Mitglied einen bestimmten Sessel mit einem Silberplättchen, auf dem der Name des Betreffenden eingraviert war.«*[60]

Für den Ausbau der Wewelsburg gab Himmler Unsummen aus; auch sonst war ihm für seine okkulte Neigung keine Anstrengung zu groß oder zu kostspielig. Seine besondere Bewunderung galt dem Sachsenkönig und »Slawenbezwinger« Heinrich I., dessen Gebeine er feierlich in den Quendlingburger Dom überführen ließ, nachdem er versprochen hatte, die Ostmission der Sachsen zu vollenden. Dabei wies der renommierte Mediävist Carl Erdmann bereits im Jahr 1941 nach, daß es sich gar nicht um die Gebeine des Königs, sondern wahrscheinlich um ein Heiligengrab handelte.[61] Doch solche Kleinigkeiten wurden von Himmler bezeichnenderweise gerne übersehen: Emil Helfferich berichtet gar, daß Himmler am Todestag Heinrichs um Mitternacht in der Krypta des Doms Zwiegespräche geführt habe.[62] Himmler war davon überzeugt, Geister beschwören zu können und holte so lange Ratschläge des toten Königs Heinrich ein, bis er sich, beflügelt durch die Namensgleichheit, für dessen Reinkarnation hielt.[63]

Man sollte jetzt nicht daraus schließen, daß Himmler einfach nur ein bißchen verrückt war. Seine okkulten Phantasien hatten auch einen Zweck: Himmler und die SS sollten in eine Reihe historischer Vorbilder gestellt werden, die ihre »Mission« sozusagen rechtfertigten. Wie die Okkultisten gerne von »uraltem« Wissen sprachen und sprechen, so wähnte sich die SS in der Tradition des deutschen Ritterordens, von dem sie ihre moderne Rolle ableiten wollte.

Das Weltbild, das hier durchschimmert, ist das einer vorbestimmten Geschichte. Immer wieder war von Auserwählten die Rede, die in schicksalhafter Weise das Werk ihrer Vorgänger fortsetzten. Das birgt für die Anhänger eines solchen Weltbildes einen Vorteil: Sie können alles auf »das Schicksal« schieben, denn frei in ihren Entscheidungen und daher verantwortlich wären sie ohnehin nicht. Das wurde vor allem nach dem Krieg deutlich: Viele hatten mitgemacht, das gab man schon zu – aber schuld war keiner.

Himmlers okkulte Ideen steigerten sich indessen immer mehr zu einem Wahn, was viele »pragmatische« SS-Führer wie Heydrich, Schellenberg oder Kaltenbrunner zuerst belächelten, später mit Besorgnis beobachteten.

Andere wieder sahen mit Neid auf das sich allmählich selbständig machende Imperium Himmlers, wie etwa Alfred Rosenberg. Rosenberg verfolgte mit seiner »Hohen Schule«

ganz ähnliche pseudowissenschaftliche Interessen wie Himmler in seinem »Ahnenerbe« (ich werde noch darauf zu sprechen kommen), wodurch die beiden auch immer wieder in unmittelbare Konkurrenz zueinander traten.[64]

Auch den Ordensstaatsgedanken hatte Rosenberg bereits formuliert, indem er beteuerte,

> *»daß die nationalsozialistische Bewegung entschlossen ist, aus der Gesamtheit der 70 Millionen einen Kern von Menschen auszulesen und zusammenzufügen, der die besondere Aufgabe der Staatsführung übertragen erhält, dessen Mitglieder von Jugend an in den Gedanken einer organischen Politik hineinwachsen, sich in der Form der politischen Partei erproben, dann gemeinsam das anstreben [...], was Ziel der Gesamtheit bleiben muß: Autorität und Volksnähe als identisch zu empfangen und Leben und Staat demgemäß zu gestalten.«*[65]

Himmler machte sich daran, genau das in die Tat umzusetzen, wobei ihm der elitäre Gedanke bei weitem wichtiger war als jener der Volksnähe. So konnte Rosenberg nach dem Krieg alle Schuld am Untergang des Reichs auf Leute wie Himmler schieben:

> *»Versuche ich mir das Typische an Himmlers Erscheinung zu vergegenwärtigen, was sich in den oft so ganz verschiedenen Äußerungen seines Wirkens zeigt, so ist es der zur exekutiven Macht gelangte Sektierer.«*[66]

Die Feindschaft zwischen Himmler und Rosenberg zeigt auch, wie wenig die NSDAP in manchen Punkten ein geschlossenes Weltbild vertrat. War Himmler etwa ein offener Bewunderer der Jesuiten, so zog Rosenberg im »Mythus« seitenweise über den »Juden« Loyola und seine das germanische »Ehrbewußtsein« beleidigende Lehre vom »Kadavergehorsam« her.[67] Rosenberg schrieb noch in der Todeszelle über seinen Intimfeind Himmler: »Man kann zehnmal aus der römischen Kirche austreten und doch ein Jesuit sein.«[68]

Stellenweise liest sich Rosenbergs Jesuiten-Kritik – traurige Ironie der Geschichte – wie eine Beschreibung der SS:

> *»Aber das Ziel und der Weg zum Zustand einer Herde seelenloser Knechte sind unverkennbar deutlich gezeichnet. Dem Brechen jedes Würdegefühls dienen die die Einbildungskraft ängstigenden und den Eigenwillen knechtenden Übungen des Ordens ebenso, wie die Unterjochung der seelischen Persönlichkeit unter die Hypnose eines starken Zentralwillens.«*[69]

Erinnern wir uns, was Freud über die Masse geschrieben hatte, die einem solchen Zentralwillen unterliegt: »Sie hat das Gefühl der Allmacht, für das Individuum in der Masse schwindet der Begriff des Unmöglichen.«[70]

»Das Wort ›unmöglich‹ darf es bei uns niemals geben«[71], formulierte auch Himmler.

Er behielt recht – Konzentrationslager, Massenexekutionen, die Ermordung von 6 Millionen Juden – nichts war unmöglich.

## Vom Wahn zum Massenmord

Der Rassenwahn des passionierten Hühnerzüchters Himmler nahm während des Krieges immer mehr zu: Eine »wissenschaftliche« Auswahl sollte schließlich auch bei den SS-Männern getroffen werden. Zucht und Ordnung hatte beim Körperbau und bei der Rassereinheit zu beginnen. Professor Dr. Bruno Schultz vom Rasse- und Siedlungshauptamt wurde 1942 angewiesen, eine Wertskala für den SS-Einheitstyp zu entwerfen.[72] Ungefähr zur selben Zeit wurde Himmler mit der Judenvernichtung betraut – »sie werden mir nachfühlen,

wie schwer die Erfüllung dieses mir gegebenen soldatischen Befehls war«, notierte er voll Selbstmitleid.[73]
Es ist erstaunlich, mit welcher Konsequenz insbesonders die SS all jene Gedanken in die grausame Tat umsetzte, die den bereits beschriebenen okkultistischen Wahnsystemen etwa eines Lanz von Liebenfels entsprangen, Gedanken, mit deren Verwirklichung die Urheber wohl nicht gerechnet hatten: Zu einer Zeit, da in der Logik der Militärs jeder Mann gebraucht wurde, fing man mit der Selektion erst richtig an; zu einer Zeit, da die deutschen Fronten von allen Seiten angegriffen wurden und nachzugeben begannen, investierte man ungeheure Mittel und Energien, um den größten systematischen Massenmord der Geschichte zu begehen.
Einen der hauptveranwortlichen »Verwalter« – das Wort ist leider zutreffend – dieses Massenmordes hatte Himmler schon in seiner Jugend kennengelernt: Rudolf Höß, den späteren Kommandanten von Auschwitz.
Höß war wie Himmler in den frühen zwanziger Jahren Mitglied des Artamanen-Bundes[74], einer völkischen Bewegung, die das »Zurück zu den bäuerlichen Wurzeln« durchaus in die Tat umsetzte. Die eigene »Scholle« sollte besiedelt werden, möglichst im Osten, um, wie man sagte, den slawischen Einfluß zurückzudrängen. Der Zusammenhang zwischen Blut und Boden sollte wieder hergestellt werden. Mitglied der Artamanen war, neben Himmler und Höß, auch Richard Walther Darré, der als zukünftiger Obergruppenführer und Reichslandwirtschaftsminister jene Ideologie weiterverbreitete, die er sich bei den Artamanen gebildet hatte.
Bauernhöfe in Ostdeutschland wurden massenhaft besiedelt, um »die besten Blutslinien unseres Volkes so schnell wie möglich mit dem Boden unlösbar zu verbinden.«[75] Die »Endlösung« war keine Idee, die aus heiterem Himmel kam.

Das zeigt sich etwa auch bei dem bereits 1936 gegründeten SS-Aufzuchtsverein »Lebensborn«. Dieser sollte vor allem ledigen Müttern die diskrete und billige Entbindung in speziellen Heimen ermöglichen – unter einer Voraussetzung: Das Kind mußte rein arisch sein. Was als soziale Einrichtung begonnen hatte, wurde immer mehr zur Zuchtversuchsanstalt: Für die Reinrassigkeit des väterlichen Erbteils sollten SS-Männer sorgen. Allerdings war nur ein kleiner Anteil von SS-Männern bereit, die alten bürgerlichen Wertvorstellungen für die neuen des Blutes aufzugeben. Auch die unterdurchschnittliche Fruchtbarkeit der SS-Familien (1,1 Kinder im Jahre 1939) muß den Blutsfanatiker Himmler schwer enttäuscht haben.[76]

## Das Erbe der Ahnen

Einen besonderen Stellenwert bei kulturpolitischen Aktivitäten der SS nahm der Verein »Das Ahnenerbe« ein, der 1935 von Himmler ins Leben gerufen wurde und sich vornehmlich mit der »germanischen Frühgeschichte« befassen sollte. Schon der Name »Ahnenerbe« läßt das Erbe des Okkulten ahnen, sollte doch wieder einmal im Namen der Wissenschaft »uraltes Wissen« der Altvorderen aus meist dubiosen Quellen für propagandistische Zwecke frisch aufbereitet werden.

Doch der nationalsozialistische Ahnenkult, dessen schlimmste Konsequenz wohl der »Ariernachweis« war, hatte auch noch einen anderen Zweck: Nicht nur historische Persönlichkeiten sollten als Vorkämpfer deutscher Kultur geehrt werden, sondern auch die Millionen von Menschen, die bereits im Ersten Weltkrieg einen sinnlosen, von oben verordneten Tod gestorben waren. In Vorbereitung des nächsten

Krieges verherrlichte man die Opfer des letzten: Nichts wäre schöner, als für Gott, Führer und Vaterland zu sterben. (Auch heute werden gewisse politische Bewegungen nicht müde, die für das Vaterland gefallenen Helden zu ehren. Was haben sie vor?)

Neben diesen propagandistischen Absichten frönte der Reichsführer-SS im Ahnenerbe aber auch seinen privaten Vorlieben.

Himmler, der, wie ein Mitarbeiter des Ahnenerbes in einem Brief schrieb, der »magischen Kategorie des Denkens« anhing, prägte damit das Ahnenerbe von Anfang an.[77] Diese einschlägige Prägung fand nicht nur in direkter Weise durch Befehl statt, sondern natürlich auch dadurch, daß die meisten namhaften Fachwissenschafter, falls sie nicht bereits ausgewandert waren, die Arbeit in Himmlers obskurem Verein verweigerten.

So kam es, daß Himmler sich mit dubiosen Wissenschaftern umgab, die ihn wiederum in seinen Vorstellungen bestärkten. Da gab es zum Beispiel einen pensionierten österreichischen Oberst namens Karl-Maria Wiligut, der, wie Michael H. Kater in seiner glänzend recherchierten Darstellung des Ahnenerbes berichtet, als »Erberinnerer« sogar mit dem Entwurf des Runenmusters auf dem SS-Totenkopfring beauftragt wurde.[78]

Die Zurückstellung der »Schulweisheit« zugunsten eines allgemein intuitiven Zugangs ist, wir haben es schon gesehen, typisch sowohl für die okkulten Schriftsteller als auch für die NS-Wissenschaft. Dennoch war Himmler, der als Kriegsmaturant eine scheue Ehrfurcht vor Akademikern hatte, froh über jeden »echten« Doktor oder Professor, der sich ihm zur Verfügung stellte.

Eine ideale Symbiose von pseudowissenschaftlichen Aktivitäten und akademischen Titeln fand er in Prof. Dr. Herman

Wirth, der, in der Fachwelt umstrittener Germanist, als erster »Präsident« des Ahnenerbes (neben Reichsbauernführer Walther Darré) eine wichtige Rolle spielte, bis er 1938 einer Intrige zum Opfer fiel und aus dem SS-Verein ausscheiden mußte.

Wirth (1885-1981) stellte sich später gerne als NS-Opfer dar, das aus ideologischen Gründen verfolgt wurde. Tatsächlich scheiterte Wirth aber an Zwistigkeiten innerhalb des Ahnenerbes. Ideologische Probleme waren für sein Ausscheiden nicht entscheidend, was bei einem Mann auch verwunderlich wäre, der 1960 noch (wieder?) offene Sympathien für Hitler und den Nationalsozialismus zeigte.[79] Wirth, der bereits 1919 in den Niederlanden eine ariosophische Bewegung gegründet hatte, gehörte in den zwanziger Jahren ebenfalls zum Dunstkreis der okkultistisch beeinflußten neuheidnischen Bewegungen, studierte alte Heilszeichen, kritisierte die »liberalistische« Wissenschaft und strebte die Befreiung der Menschheit vom »Fluch der Zivilisation« an. Später setzte er sich vor allem für den Gedanken eines »kultischen Matriarchats« ein, was ihn im Ahnenerbe unbeliebt machte.

Nach dem Krieg vertrat er die Ansicht, daß Deutschland alle Katastrophen erspart geblieben wären, wenn man nur auf ihn gehört hätte: Hitler hätte es aber verabsäumt, die führenden Stellen mit »geistig hochstehenden Frauen« zu besetzen.[80] Sein heidnisch-ariozentrisches, esoterisch fundiertes Weltbild verbreitete Wirth bis zu seinem Tod. Durch seine Matriarchats-Thesen erfreute er sich vor allem in der alternativen und feministischen Szene besonderer Beliebtheit, für Gugenberger und Schweidlenka »symbolisch für die Problematik, in der sich die Alternativ- und Umweltschutzbewegung befindet, nämlich im Spannungsfeld zwischen neuer Gesellschaft und Faschismus.«[81]

Im Spannungsfeld zwischen Wissenschaft und Okkultismus dagegen blieb das Ahnenerbe auch nach dem Ausscheiden Wirths.
Da die Geomantie ein weiteres Steckenpferd Himmlers war, kam den SS-Grabungen eine wichtige Bedeutung zu: Als »kultureller Mittelpunkt deutscher Größe und deutscher Vergangenheit«[82] sollten sie zu quasi-religiösen Weihestätten ausgebaut werden, was einige wenige Wissenschafter nicht daran hinderte, trotz dieser ideologischen Vorgabe Erkenntnisse für die Frühgeschichtsforschung daraus zu ziehen – auch anerkannte Forscher nutzten nämlich die Geldquellen des Ahnenerbes, um vor- oder frühgeschichtliche Ausgrabungen zu betreiben.
Besonderer Beliebtheit als geomantischer Kraftplatz erfreuten sich die sogenannten »Externsteine«, eine malerische Sandsteinfelsgruppe im Teutoburger Wald, die, was bis heute nie bewiesen wurde, als Kultstätte gedient haben sollen und sogar mit dem vom »Frankenkönig« Karl zerstörten Volksheiligtum Irminsul identifiziert wurden. Die Spekulationen und dilettantischen Mutmaßungen rund um urgeschichtliche Funde fanden in den Externsteinen ihren absurden Höhepunkt[83], wenngleich auch der »Fachstreit« über den Zusammenhang der Venus von Willendorf mit dem Fettsteiß der Hottentotten nicht einer gewissen Komik entbehrte.[84] Zweifellos waren die mächtigen Externsteine für die neugermanische Geschichtsschreibung besser zu gebrauchen als die fette Idolfigur aus dem Donautal.
Heute beginnen sich sogenannte neuheidnisch-schamanistische Gruppen wieder für die Externsteine zu interessieren und sie als Kultplatz wiederzugewinnen.[85] Auch die Publikationen, zum Teil als Neuauflage der damals geschriebenen Werke, nehmen kein Ende.
Die bereits besprochene Welteislehre oder Glazial-Kosmo-

gonie des Wiener Ingenieurs Hanns Hörbiger gelangte zu neuen Ehren und sollte wissenschaftlich bewiesen werden. Dr. Hase, Verleger der Werke Wirths, und Alfred Hörbiger, Sohn von Hanns und Bruder von Attila und Paul, wurden beauftragt, die Welteislehre, »das geistige Geschenk eines Genies«, fortan unter der »Schirmherrschaft« des Reichsführers SS weiterzuentwickeln, wie es in einer Vereinbarung hieß.[86]

Himmler, von mittelalterlichen Alchemisten und Magiern fasziniert, ohne ihre Werke zu kennen, dem Atlantis-Mythos und den deutschen Götter- und Heldensagen verhaftet, setzte seine Auffassung von Forschung und Methode durch.

Atlantis, bis heute eines der beliebtesten okkultistischen Themen, hatte es Himmler, nicht nur in Zusammenhang mit der Welteislehre, besonders angetan. Schließlich hatte ja auch Heinrich Schliemann, von Homers Erzählung ausgehend, Troja endeckt. Eine ganze Reihe von Forschern befaßte sich mit der Suche nach dem verschwundenen Kontinent[87], allerdings mit wenig Erfolg.

Der Pseudo-Okkultist und Pseudo-Wissenschafter Himmler brachte weder der formalen Naturwissenschaft, noch dem okkulten Diskurs in Sinnbildern und Mythen das nötige Verständnis entgegen. So sah er die wissenschaftlichen Erkenntnisse mit den Augen des okkult Interessierten – und die okkulten Lehren im Blickwinkel des Laienwissenschafters.

Liegt die Parodie auf die formale Wissenschaft auf der Hand, so darf das totale Unverständnis Himmlers und seiner SS-Forscher gegenüber Tradition und Lehren des Okkultismus auch nicht übersehen werden.

Das zeigt sich auch am Interesse Himmlers und des Ahnenerbes für Tibet, speziell für den jungen Tibetspezialisten Dr. Ernst Schäfer. Schäfer, viel zu sehr Kosmopolit und Wissenschafter, um die obskuren Interessen Himmlers an Tibet ernst zu nehmen, wurde 1938 mit der Leitung einer Expedition in den Himalaya-Staat beauftragt. Auch er nutzte die Geldquellen des Ahnenerbes, das allerdings nur einen Teil der Expedition zahlen konnte.[88] Dennoch lief die Forschungsreise unter dem Namen »SS-Expedition Schäfer« – verwunderlich genug, mit welcher Aufmerksamkeit Himmler Projekte wie diese bedachte; immerhin: Österreich war schon angeschlossen, die Vorbereitungen für den Krieg liefen auf Hochtouren.

Kein Grund für Himmler, sich nicht seinen Lieblingsthemen zu widmen: Mitten im Krieg, im August 1942, erteilte er Schäfer den Befehl zur »Totalerforschung« des Kaukasus. »Gemäß der Parole vom ›Kriegseinsatz der Geisteswissenschaften‹«, schreibt Kater, »waren bis zum Herbst auch Volkskundler, Religionswissenschafter und Sprachforscher als künftige Expeditionsteilnehmer zugelassen – zumindest theoretisch.«[89]

Okkult-Schriftsteller orakeln immer wieder, Himmler habe im Kaukasus nichts anderes gesucht als den Gral, der nach einigen Überlieferungen dort liegen solle. Belege gibt es dafür keine. Nachweisen läßt sich nur, daß dem »Unternehmen K« 150 Mann, 40 PKW und 17 LKW nebst Treibstoff, Verpflegung und Ausrüstung zur Verfügung gestellt wurden.[90] Die deutsche Kapitulation bei Stalingrad Anfang 1943 vereitelte schließlich den Plan. Himmler mußte billigeren Nachforschungen frönen.

In Anlehnung an die mittelalterlichen Alchemisten beauftragte er zum Beispiel zwei Forscher der Ahnenerbe-Pflegstätte für Geologie und Mineralogie mit der Bindung von Goldteilchen in Sandschichten.[91]

Allen »SS-Wehrgeologentrupps« wurde ein Wünschelrutengänger zur Verfügung gestellt, der nicht nur nach Wasser, sondern auch nach Gold suchen sollte.[92]

Eine eigene Abteilung »zur Überprüfung der sogenannten Geheimwissenschaften«, wobei Himmler – wie Kater meint – »wahrscheinlich an die Schwarze Magie und den Okkultismus dachte«, sollte gegründet werden, wozu es aber dann nie kam.[93] Die Naturheilkunde wurde gefördert, eigene SS-Kräutergärten, ein Lieblingsspleen des gelernten Landwirts Himmler, errichtet.

Meistens ging es jedoch nicht so scheinbar beschaulich zu. Auch die grausamen medizinischen Versuche an Männern, Frauen und Kindern gehörten zum Aufgabenbereich des Ahnenerbes – man sprach von »Rassenkunde«.

Die Ideen des goldenen Zeitalters der Vergangenheit und des reinen arischen Blutes mündeten im Holocaust. Lebensborn, Ahnenerbe und Auschwitz ergänzten einander.

# DRITTER TEIL: WIEDERHOLT SICH DIE GESCHICHTE?

Die Untersuchung über die Zusammenhänge zwischen Nationalsozialismus und Okkultismus soll in diesem letzten Teil auf unsere Zeit ausgeweitet werden. Außerdem will ich der Frage nachgehen, warum es immer wieder zu der verhängnisvollen Verbindung von Esoterik und Politik kommt.
Da es einen offiziellen Nationalsozialismus nicht mehr gibt, wird in der Folge öfter von »Faschismus« die Rede sein. Die Frage, ob der Nationalsozialismus auch ein Faschismus war, wird an dieser Stelle nicht behandelt. Manche Forscher vertreten die Theorie einer größeren ideologische Nähe zum Stalinismus als zum Faschismus traditioneller Ausformung.
Der Begriff Faschismus wird daher im folgenden in seiner allgemeinsten und auch modern-populären Bedeutung verwendet und soll alle rechtsradikalen, neonazistischen, nationalsozialistischen oder faschistischen Weltanschauungen und Gruppen bezeichnen.
Einige Kennzeichen dieser »Neuen Rechten« sind Nationalismus, Rassismus und Sozialdarwinismus (Biologismus), Antisemitismus, Anti-Liberalismus, Anti-Marxismus, Bekämpfung von Anarchismus und Demokratie, Kriegsverherrlichung und Führerprinzip[1], darüber hinaus der Kult der Volksgemeinschaft, Geschichtsverfälschung und sprachlicher Radikalismus.[2]
Der Unterschied zum Nationalsozialismus besteht u.a. darin, daß die Neuen Rechten zum Teil aus der Geschichte gelernt

haben: Nämlich sich besser zu tarnen und offensichtliche Konsequenzen oder Ziele ihrer Weltanschauung hinter modern klingenden und vorgeblich demokratischen Parolen zu verbergen.
Die moderne Spielart des Okkultismus soll im folgenden mit dem Überbegriff »New Age« bezeichnet werden.
Das oft proklamierte »neue Zeitalter« der Menschheit beruft sich in der Tat auf okkulte, esoterische und/oder naturreligiöse Ideen und kann daher als Fortsetzung der Tradition des Okkultismus verstanden werden. Darauf deutet alleine schon der Begriff »New Age« hin, der alte okkulte Themen wie »Zeitenwende« oder »neues Menschsein« beinhaltet; auch die Berufung auf »uraltes Wissen« findet sich im New Age wieder.

## »Hitler lebt!«

*»Es geschah an einem Nachmittag, und es ist nun schon lange her, als der Meister mich zu sich kommen ließ und mir das folgende Geheimnis offenbarte:*
*›Hitler lebt. Er starb nicht in Berlin. Ich habe ihn unter der Erde gesehen. Er hat sich verändert – sein Schnurrbart ist jetzt lang. Wir haben uns Auge in Auge gegenübergestanden. Dann drehte sich Hitler um und entfernte sich schnell. Ich nannte ihn beim Namen, aber er verschwand im Halbdunkel nach unten ...‹*
*Dieses Geheimnis habe ich viele Jahre lang gehütet; denn es war gefährlich, es zu enthüllen und es war noch schwieriger, darüber zu schreiben.«*[3]
Leider hat der Autor dieser Zeilen, Miguel Serrano, die Welt dennoch nicht mit seinen Enthüllungen verschont. Das Zitat stammt aus Serranos Werk mit dem bezeichnenden Titel:

»Das Goldene Band. Esoterischer Hitlerismus«. Die deutsche Ausgabe erschien 1987 im Teut-Verlag.
Das Buch, erstanden unter dem Ladentisch einer esoterischen Buchhandlung, erschreckt zunächst einmal durch seine Widmung: »Rudolf Hess gewidmet«, heißt es da, und weiter, grammatikalisch nicht ganz richtig, »die [sic!] Gestalt des Glaubenshelden der Hitlerschen Esoterik, dem notwendigen Opfer für die Wiederauferstehung des Mythos.«
Serranos Werk stellt ein Musterbeispiel aus einer ganzen Reihe ähnlicher Publikationen dar, die mittlerweile unter dem Namen »Esoterischer Hitlerismus« einen richtigen Zweig der New-Age-Industrie ausmachen.
Die Theorien, die darin präsentiert werden, sind zwar auf nichts gegründet und natürlich auch nicht belegt, doch werden sie im Deckmantel eines bunt gemischten okkulten und philosophischen Wortschatzes vorgestellt. Meist finden sich alte Erfindungen wieder, etwa, daß Hitler ein »Eingeweihter« gewesen wäre, der auf Befehl höherer Mächte gehandelt hätte. Für ein weiteres Kennenlernen des Buches seien nur einige der Kapitelüberschriften zitiert: »Die Freimaurerei und die unsichtbare Regierung«; »Der esoterische Hitlerismus ist tantrisch«; »Kann man aufhören Jude zu sein und wieder Hebräer werden?«; »Die Templer, die Benediktiner und Hitler«.
Eine inhaltliche Kritik von Serranos Werk erübrigt sich. Allerdings wäre diese Kritik auch ein sehr schwieriges Unterfangen, wie diese kurze Stilprobe zeigen soll:

> *»Ein andermal erklärte er [der Meister – Anm.] uns, daß es Hitler's [sic!] Mission sei, das Schicksal am Höhepunkt der Zeiten zu wenden, indem er der Erde den erforderlichen Impuls zu ihrer Verwandlung, ihrer Umgestaltung gibt, was zur Folge hätte, daß die Möglichkeit zur physischen Entropie im Ablauf des Kaliyuga oder*

*des Dunklen, des Eisernen Zeitalters überwunden werden könnte. Die Umwertung aller Werte bietet die einzige Überlebensmöglichkeit. Hitler war das Werkzeug, durch das hindurch ein Geiststrahl aufleuchtete. Bei der Einweihung war ihm die Vril-Kraft, die sieghaft-magische Energie, auch Farr genannt, verliehen worden. Gegen ihn wurden nun sämtliche Kräfte des Schattens und des Todes, der Inertion und der Elementarwesen entfesselt. Deshalb mußten wir ihm helfen. Es wurde ein Krieg der Götter und Dämonen. Ein kosmischer Krieg, der auf Erden ausgetragen wurde und dort die allerdramatischsten Formen annahm.«*[4]

Hier treffen wir alle üblichen Zutaten einschlägiger Machwerke an: Die Hörigkeit einem Meister gegenüber, die Erwartung einer Zeitenwende, schamlos aus der Philosophie entlehnte Zitate, verschwommene esoterische Begriffe (Vril-Kraft, Farr ...), sowie das Verlegen realer Ereignisse in eine kosmische Dimension. In erprobter okkultistischer Tradition knüpft Serrano außerdem die schon beinahe obligatorische Verbindung zu Katharern, Druiden, Templern und Rosenkreuzern, wobei die Ergebnisse ähnlich aufschlußreich sind wie vorhergehendes Zitat.

Die Berufung auf den »Meister« und seine Autorität genügen, um die eigenartigsten »Geheimnisse« zu offenbaren, »jetzt, da die Zeit reif dafür ist« – ebenfalls eine beliebte Floskel, um die endzeitlichen Gefühle des Lesers zu erregen und ihn seiner Errettung zu versichern, wenn er nur diesem Meister glaube.

Doch Serrano begnügt sich nicht mit seinem »esoterischen Hitlerismus«. Wenn es um die Judenvernichtung geht, kann er auch sehr deutlich werden: »Diese Angelegenheit von sechs Millionen Juden« sei »einer der größten Betrugsfälle in der Geschichte der Menschheit.« Was Serrano am meisten ärgert, ist die – historisch längst außer Streit stehende – Zahl der Opfer. Denn wenige Zeilen später fügt er hinzu, und ein leichtes Bedauern ist nicht zu überhören: »Ich entsinne mich, daß bei Kriegsende die Zahl getöteter Juden eine Million noch nicht erreicht hatte.«[5]

Es wäre nicht nötig, Serrano durch die Wiedergabe dieser sträflich falschen und obendrein strafbaren Zitate zusätzliche Publizität zu verschaffen, wenn da nicht die Biographie des Autors wäre. Denn wer denkt, daß es sich beim Verfasser eines solchen Machwerks »nur« um einen geistig labilen Ewiggestrigen handelt, der irrt: Miguel Serrano, 1917 in Chile geboren, war chilenischer Botschafter in Indien, Jugoslawien und, von 1964-1970, auch in Österreich. Danach war er als Botschafter bei der Internationalen Atomenergiekommission sowie bei der Organisation der Vereinten Nationen für die Industrielle Entwicklung tätig.[6]

Auch wenn Serranos Buch eine sehr drastische Variante darstellt: Der »Mythos« Adolf Hitler ist längst nicht überwunden. Er äußert sich nicht nur in Publikationen und sogenannten sprachlichen »Ausrutschern« mancher Politiker, sondern auch in so alltäglichen Sätzen wie: »Nicht alles war schlecht unterm Hitler«, der neuerdings auch wieder in seiner verschärften Variante anzutreffen ist: »Nicht alles war gut unterm Hitler ...«.

Die Wurzeln für das Entstehen des neuen Hitler-»Mythos« reichen bis weit in die Nazi-Zeit hinein. Sie sind zu einem Teil psychologisch zu begründen, wie Sebastian Haffner in seinen »Anmerkungen zu Hitler« ausführt. Tatsächlich: Die Arbeitslosigkeit war gesunken (durch den Aufbau der Kriegsmaschinerie) und die politische Unsicherheit verschwunden (durch Liquidation der Gegner).

*»Die so durch den Augenschein Hitlerscher Leistungen Bekehrten oder Halbbekehrten wurden im allgemeinen*

*keine Nationalsozialisten; aber sie wurden Hitleranhänger, Führergläubige. Und das waren auf dem Höhepunkt der allgemeinen Führergläubigkeit wohl sicher mehr als neunzig Prozent aller Deutschen.«*[7]

Die Verehrung der Führerfigur brachte natürlich mit sich, daß man bereit war, den geliebten oder geachteten Führer in reinstem Glanze dastehen zu lassen, um diese Verehrung vor sich aufrecht erhalten zu können. So machten nicht nur überzeugte Nazis wie Heß oder Rosenberg nach dem Krieg untergeordnete Personen wie Goebbels, Bormann und vor allem Himmler für alle Verbrechen verantwortlich, sondern erst recht breite Schichten des Volkes, die nicht glauben wollten, daß »ihr Führer« »solche Dinge« gutgeheißen oder gar angeordnet hätte. Sogar während der Nazi-Herrschaft war der Spruch, mit dem man allem offensichtlichen Unrecht begegnete, ein: »Wenn das der Führer wüßte.«[8]

Wobei klar gesagt werden muß: Er wußte nicht nur, er hatte befohlen. Der Mythos des »guten Führers« kommt in keiner Weise der Realität auch nur nahe. Es ist historisch hinlänglich belegt, daß Hitler die planende und befehlende Instanz hinter dem Dritten Reich und daher an erster Stelle für alle Verbrechen des Nationalsozialismus verantwortlich war.

Soweit der psychologische Anteil am Entstehen des Hitler-Mythos, der hier nur kurz angeschnitten wurde und ebensowenig behandelt werden soll wie die politisch motivierte Geschichtsfälschung und Wiederbetätigung, wie sie von manchen »Historikern« oder politischen Gruppen betrieben wird.

Wir wollen uns eher die okkultistische Form der Hitler-Verehrung näher ansehen.

Der »esoterische Hitlerismus« soll Hitler zwar auch von allen Anschuldigungen freisprechen, doch damit gibt man sich nicht zufrieden. Das Magische, das Okkulte der Person

Hitlers will hier zu einer Art Ersatz-Philosophie erhoben werden.
Es gibt zahlreiche Autoren, die sich in dieser eindeutigen Absicht der Person des »Führers« nähern. Dabei spielt es keine Rolle, ob diese Autoren Hitler-kritisch waren oder nicht – bei einer Mythologisierung ist das ohne Belang.
Der ehemalige Danziger Senatspräsident Rauschning etwa schildert Hitler in seinem Buch »Gespräche mit Hitler« als schwarzmagischen Okkultisten und als Opfer einer bösen Besessenheit:

> *»Dieser Mann, linkisch und selbst um Worte überall da verlegen, wo er nicht pathetisch sein kann, hat nicht einmal die irritierende Anziehungskraft des Dämons. Ein Mann, alles in allem gewöhnlich, – was wirkte nur auf seine Besucher? Es gibt eine aufschlußreiche Parallele: Medien. Meist sind es gewöhnliche unbedeutende Wesen; plötzlich aber wachsen ihnen Fähigkeiten zu, die sie weit über das Maß des Alltäglichen herausheben. […] So gehen unleugbar Kräfte durch Hitler durch; echt dämonische Kräfte, die den Menschen Hitler nur zum Werkzeug machen.«*[9]

Rauschning, der sich bei der Entstehung des Buches schon längst von Hitler abgewandt hatte und in die Schweiz geflüchtet war, will hier die Gewöhnlichkeit und Schwäche seines Wesens betonen. Er erreicht das Gegenteil: Hitler wird erstens als unschuldiges »Werkzeug« von jeder Verantwortung freigesprochen, andererseits als medial begabtes Opfer unendlich starker böser Kräfte mythologisiert.
Als geschichtliche Quelle ist Rauschnings Buch, darüber sind sich die meisten Historiker einig, kaum zu gebrauchen.[10] Dennoch (oder gerade deshalb) ist es eine der beliebtesten Fundgruben für okkultistische Schreiber geworden, die hinter dem Nationalsozialismus nichts als die irdi-

sche Widerspiegelung eines geistigen, ja kosmischen Kampfes sehen, den Kampf der Magier und Zauberer.

Ähnliches erreicht Josef Greiner, ein angeblicher Jugendfreund Hitlers, indem er das große Interesse des zukünftigen Führers an paranormalen Phänomenen und okkulten Vereinigungen herausstreicht: Fakire, Telekinese, Graphologie, Astrologie, Zahlenmystik, Gnosis und die Lektüre von okkulten Büchern seien Hitlers besondere Vorliebe gewesen. Bei der Wassersuche mit der Wünschelrute sei er sogar von Flurwächtern im Wienerwald verjagt worden. Bezeichnenderweise heißt Greiners Buch »Das Ende des Hitler-Mythos«. Es wurde nach seinem Erscheinen 1947 von den Alliierten eingezogen, was die okkulten Autoren natürlich in ihren Mutmaßungen, die darin enthaltenen Angaben seien richtig, bestätigte.[11]

Von den älteren Werken wäre auch noch Dr. Johannes von Müllern-Schönhausens »Die Lösung des Rätsel's [sic!] Adolf Hitler« zu nennen, erschienen 1958 in Wien im »Verlag zur Förderung wissenschaftlicher Forschung.« Im Vorwort des mehr rechtsorientierten als rechtschreibsicheren Werkes heißt es:

> *»Möge dem Buch, das immerhin die Früchte jahrzehntelanger Sammlertätigkeit und Forschungsarbeit ausgewertet und völlig neue geschichtswissenschaftliche und philosophische Perspektiven eröffnet hat, der Erfolg zuteil werden, der ihm – schon im Interesse der Wahrheitsfindung – zukommen soll.«*[12]

In der Tat ist das Buch insofern der Wahrheitsfindung dienlich, als es auf niedrigstem Niveau die Schwächen okkultistischer Pseudo-Philosophie aufdeckt. Was bei esoterischen Autoren mit einem historischem Hintergrund tatsächlich manchmal verblüffend, einleuchtend oder naheliegend wirkt, gerät bei Müllern-Schönhausen zur Lächerlichkeit –

etwa die stets beliebten Wortspielereien. So berichtet er von den heiligen Tieren des germanischen Gottes Odin, den Wölfen Geri und Frecki und den Raben Huginn und Muninn, um dann als »unvoreingenommener Zeitgenosse mit einiger Verblüffung vor der unbestreitbaren Tatsache« zu stehen, »daß die wichtigsten Wegbereiter und Vorkämpfer des Führers Hugenberg, Hanussen, Göring und Frick gewesen sind.«[13] Hitler als Reinkarnation Odins ergäbe sich also aus der Parallele Frecki-Frick, Geri-Göring, Huginn-Hugenberg, was aber geschieht mit dem im Berlin der dreißiger Jahre berühmten Zauberer Hanussen alias Herschel Steinschneider, der nun noch Muninn zugeordnet werden soll? Ganz einfach: Er wurde »als uneheliches Kind nach seiner Mutter Muni genannt ...«.[14]

Die wichtige Rolle Hanussens im Aufstieg Hitlers hätte darin bestanden, daß er ihm ein Alräunchen, eine schon im Mittelalter sagenumwobene Wurzel mit menschenähnlichem Aussehen, geschenkt habe. Der Fetisch habe Hitler Glück gebracht, doch »Das Werk vergeht in Rauch und Flammen/Sobald der Zyklus 12 beisammen«, wie es in einem beigelegten Gedicht Hanussens geheißen haben soll.[15] Der historisch gebildete Leser rechnet nach – und ist verblüfft: 1933-1945, das waren ja tatsächlich 12 Jahre!

Zahlenspielereien wie diese stellen eine beliebte »Beweisführung« in vielen okkultistischen Werken dar – wobei alle Zahlen zwischen 0 und 100 nicht nur heilig, sondern auch symbolisch mit jeweils wechselnder Bedeutung sind.

Welche Anhaltspunkte bot nun aber Hitlers Persönlichkeit tatsächlich für die verschiedenen »Magier«-Spekulationen? Um es kurz zu sagen: Keine. Hitler war, wenn man von seinem Talent und Charisma als Redner absieht, das zu echten Massenhysterien (oder -hypnosen) führte[16], für okkultistische Interpretationen denkbar schlecht geeignet.

So half man sich mit Mutmaßungen und Erfindungen: Allein die Tatsache, daß Hitler Vegetarier war, wurde als einschlägiger Hinweis auf mysteriöse Einweihungen interpretiert – denn auch viele der gnostischen Sekten des Mittelalters hatten sich der fleischlosen Kost verschrieben, ebenso wie die viel strapazierten tibetanischen Mönche. Alle verläßlichen Zeugen berichten allerdings, daß Hitlers Ernährungsweise ausschließlich auf seine hypochondrische Krebsangst zurückzuführen war.[17] Alle anderen authentischen Zeitgenossenberichte deuten darauf hin, daß Hitler den Okkultismus und Okkultes ablehnte, ja, nicht einmal ernst nahm.[18]

Doch solche Tatsachen werden in der einschlägigen Literatur natürlich übersehen. So lebt der Hitler-Mythos weiter – und nicht nur der Mythos. Denn laut Miguel Serrano war Hitler am 30. April 1945 mit einem der geheimen nationalsozialistischen Ufos gen Antarktis entschwoben.[19] Dort sei er in das gemäß der Hohlwelttheorie hohle Innere der Erde geflüchtet, um an diesem hyperboreischen Platz auf seine triumphale, von Mythen und Großbuchstaben umwehte Wiederkehr zu warten:

> *»Das Wilde Heer Odins, das Letzte Bataillon Hitler's [sic!], der Weiße Ritter, der mit dem Goldenen Zeitalter wiederkehrt, um Gericht zu halten, auf einem weißen Rosse in dem Goldenen Aar (Adler) im Zeitalter des Condor wird gebildet sein von den Helden mit den unsterblichen, aus rotem Vraja (Rubedo) bestehenden Körpern – wiederauferstandene Götter nach ihrer Götterdämmerung.«*[20]

## Die Ufos kommen!

Serrano ist keineswegs der einzige, der sein Weltbild mit Erlebnissen der dritten Art verbrämt. Ähnliche »Offenbarungen« finden sich immer öfter in den Verlagsprogrammen unter der Rubrik »Neues Denken« – wobei weder »neu« noch »Denken« wirklich zutreffend ist. Im traditionell schlechten Deutsch deutsch-völkischer Schriften wird da manchmal drauflos geschrieben, was der Verbotsparagraph hält.

Die Postmoderne des Okkultismus scheint längst angebrochen: Dem alten, traditionellen Offenbarungswissen wird nicht mehr so ganz geglaubt, der wissenschaftlichen Methode schon gar nicht. Also fertigt man unter dem falsch verstandenen Motto »anything goes« eine Mischung aus beidem an. Der Effekt ist natürlich verheerend: Sowohl die okkulte Tradition, die einen nicht unbedeutenden Teil der abendländischen Geistesgeschichte ausmacht, als auch die wissenschaftliche Forschung werden unglaubwürdig und lächerlich gemacht.

Sinnbild für die im Grenzbereich zwischen Traditionalismus und Modernität entstehende Ratlosigkeit sind die Ufos, denen Serrano ein eigenes Kapitel widmet.[21] Er steht damit nicht alleine da – die »esoterische Ufologie« hat sich zu einer eigenen Kultbewegung entwickelt: »Sie geht davon aus, daß auf anderen Planeten Wesen existieren, die einen ›höheren Grad in der kosmischen Stufenleiter‹ einnehmen und den Menschen als esoterische Lehrmeister dienen.«[22]

Daß Ufos tatsächlich gesehen wurden und werden, soll an dieser Stelle gar nicht geleugnet werden: Es handelt sich dabei ja um nichts anderes als um unbekannte Flugobjekte – und unbekannt ist uns vieles. Doch ausgehend von einer endzeitlichen Erwartung von atomaren oder ökologischen Katastrophen, wurden die Ufos zu einer Art Religionsersatz, der sich nicht zufällig ausschließlich im christlichen Raum verbreitete: Erlösung, Heil, Errettung aus der Apokalypse werden erwartet.

Eduard Gugenberger und Roman Schweidlenka haben in ihrer Studie »Mutter Erde, Magie und Politik – Zwischen Faschismus und neuer Gesellschaft« akribisch die Verbindung zwischen der »Ufologie« und einem neu aufkeimenden Rechtsradikalismus dokumentiert.[23]

Diese Verflechtung findet einerseits auf publizistischer Ebene statt: Da werden zusammen mit den sogenannten »Kontaktberichten«, die von den Weissagungen der Außerirdischen künden, rechtsextreme Flugblätter und Schriften verbreitet.[24]

Andererseits tauchen »alte Bekannte« wie die theosophische Wurzelrassenlehre, die Welteislehre und ihre Abwandlungen in der nationalsozialistischen Geschichtsdeutung wieder auf: Auch bei der »esoterischen Ufologie« finden sich extrem hierarchische Strukturen (die Idee von höher entwickelten Wesen) und rassistische Konzepte: Die Ufos wenden sich nur an die »reifen« Völker – das sind natürlich weiße Nordamerikaner und Europäer.

Die Karmalehre erfreut sich ebenfalls neuer Beliebtheit: So etwa offenbarte ein Übermensch von der Rasse der Ganymeder der US-Ufologin Helen I. Hoag, daß der Hunger »karmisch verursacht« sei: »So traurig es auch klingt: Es scheint so, als ob jedes Wesen einmal im Laufe seiner Aufwärtsentwicklung den Hunger kennenlernen muß … Glauben Sie nicht, daß Millionen Dollar den in der Bibel prophezeiten Hunger stoppen könnten.«[25]

Die Außerirdischen glauben aber nicht nur an die Gerechtigkeit von Hunger und Krieg, sie sind auch fleißige Antisemiten und überzeugte Volksdeutsche – was doch ein wenig verwunderlich scheint für Wesen, die aus anderen Universen bzw. von den Plejaden kommen. Dem Ufologen Eduard Meier, der in der Schweiz das »Semjase Silver Star Center« gründete, verrieten seine galaktischen Kontaktpersonen jedenfalls, daß die »Hebräer« mit den »Zigeunern« identisch seien und als solche »abgestoßener oder ausgestoßener Abschaum.«[26]

## Esoterik als »Esoterror«

Rassismus, Autoritätsgläubigkeit und der Kult vom Übermenschen äußern sich in der New-Age-Bewegung aber nicht nur in Teilgebieten wie der »Ufologie«. Die Ideologen des »neuen Zeitalters« vermengen gerne die unterschiedlichsten, oft mißverstandenen Traditionen zu einem Esoterik-Cocktail: Westlicher Okkultismus und östliche Lehren finden darin ebenso Platz wie indianische Spiritualität und moderne Quantenphysik.

Mit diesem Rüstzeug ausgestattet werden da in der Hoffnung auf ein neues tausendjähriges Reich in verdeckter Form oft jene Ideen proklamiert, die schon im alten eine wichtige Rolle gespielt haben: Die »notwendige Ausrottung minderwertiger Menschen« wird ersetzt durch einen Karmabegriff, in dessen Auslegung es ganz selbstverständlich und notwendig ist, daß ein Teil der Menschheit bei Naturkatastrophen, Hungersnöten, Kriegen etc. stirbt – es handelt sich dabei nämlich um jene Menschen, die für »das Neue« noch nicht »bereit« sind.

Der Vernichtungskrieg, der jetzt geführt wird, ist ein passiver: Mit der Seelenruhe des über kosmische Zusammenhänge dank edler Herkunft Informierten wird Unrecht und Gewalt nicht nur gerechtfertigt, sondern als notwendig empfunden. Die offene Gewalt wird durch die sanfte des laissez-faire ersetzt.

Da kann es schon einmal sein, daß der Golfkrieg, wohl das Paradebeispiel eines rein wirtschaftlich bedingten Konfliktes, als »die letzte Schlacht des Fischezeitalters« bezeichnet wird, »während andernorts unaufhaltsam die Energie des neuen Zeitalters wächst und sich mehr und mehr bemerkbar machen wird.«[27]

Vergleichbare Einsichten in die Geheimnisse der Welt vermittelt der Krishnamurti-Fan, Physiker und New-Age-Papst Fritjof Capra, der anläßlich eines Spaziergangs in Bombay feststellte, daß ihn die Armut weit weniger bedrückte, als er gedacht hatte: »Sie wurde niemals geleugnet und schien ins Leben der Großstadt integriert.«[28] Und überhaupt: Die Menschen »lächelten viel« und die »ganze Kultur«, die bis heute Witwenverbrennungen kennt, schien ihm »mehr feminin orientiert«.[29]

Die beiden Beispiele sind charakteristisch für den Hang innerhalb des New Age, »positiv zu denken«, jeden Mißstand und jede Katastrophe als undurchschaubare Vorgänge eines geheimen Weltenplans zu deuten: Werden Frauen im öffentlichen Leben benachteiligt, so mache das nichts, weil sie im Wassermannzeitalter sowieso die geistige Führung übernommen hätten. Wird die Ozonschicht zerstört, so fördere das deren Durchlässigkeit für Ufos. Wird ein Volk ausgerottet, so hatte es ein schlechtes Karma. Verhungert ein anderes, so muß es eben eine Reinigung durchmachen.

Typisch für diese äußerst bequeme Weltsicht ist die Anpassung an alle gegebenen gesellschaftlichen Normen, zum Beispiel die Wirtschaft. »Ganzheitliches Management« und »esoterische Mitarbeitermotivation« sind zu Verkaufsschlagern geworden, denn Arbeit macht vielleicht doch frei und bringt auf jeden Fall Kraft durch Freude. Sinnkrisen, die vielleicht durchaus angebracht wären, werden durch esoterische Deutungen übertüncht: Das Leben sei – eine tiefsinnige Vorstellung – als Schulklasse zu betrachten. Wenn man durchfalle, könne man es ja bei der nächsten Inkarnation noch einmal probieren.

Das Individuum gerät zum Mittelpunkt seiner Welt. Die Gesellschaft, die es in Wahrheit mitbestimmt und von der es mitbestimmt wird, rückt außerhalb von Raum und Zeit. Erlösungsbedarf wird immer noch – als Grundbedingung für das rettende Eingreifen eines Gurus – gepredigt, doch Erlösung gibt es nur noch individuell. Was sich als radikaler Individualismus gegen Ideologie zu stellen glaubte, wird hier selbst zu einer. Durch das Muß der Erlösung erscheint »Krankheit als Weg« und »Schicksal als Chance«.[30]

Schon im Titel dieser beiden New-Age-Knüller von Thorwald Dethlefsen offenbart sich der geistige Hintergrund: Wie schaffe ich es, in einer Situation zu überleben, ohne diese Situation selbst in Frage zu stellen?

Fest eingebettet in die beruhigende Welt seines »Urwissens zur Vollkommenheit des Menschen«[31] sucht der New Ager in radikaler Egozentrik sein Heil und übersieht, um mit der Formel von Karl Kraus zu sprechen, daß diese Egozentrik die Krankheit ist, für deren Heilung er sie hält. Er verfällt der Illusion, das herbeigebetete »Ganz-Sein« in seinem Ganz-Allein-Sein verwirklichen zu können.

## Von esoterischem Denken zu mythologischer Politik

Was sich heute im New Age als reiner »Ego-Kult«[32] darstellt, entsprang einst einer Protestbewegung: Der Begriff »New Age« stammt ursprünglich aus der Hippiebewegung der sechziger Jahre und war mit der Erwartung des kommenden »Wassermannzeitalters« verbunden.[33] Auch heute findet man die Lehren des New Age hauptsächlich in den Grün- und Alternativbewegungen, die üblicherweise nicht gerade dem rechten Rand der Gesellschaft zugeordnet werden.

Dennoch ist seit Mitte der achtziger Jahre ein Abdriften der »Szene« in politische Extrempositionen zu beobachten – manchmal in linke, meistens jedoch in rechte. Rund ein Viertel der von Gugenberger und Schweidlenka untersuchten esoterischen Vereinigungen im deutschen Sprachraum erwies sich als rechtsradikal oder sympathisierte mit dem rechtsextremen bzw. ariosophischen Lager.[34]

Wie lassen sich diese Auswüchse des New Age erklären? Auch dazu gibt es verschiedene Meinungen. Die einen sprechen von vereinzelten Randerscheinungen; die anderen von einer versuchten Infiltration der grünen durch die rechte Szene.

Beide Erklärungsversuche scheinen aber nicht weitreichend genug zu sein. Denn wieder ist, wie Karl Jaspers schrieb, das »Begehren nach [...] blinder Ungebundenheit und blindem Gehorsam zugleich«[35] das Thema des Menschen, der sich gleichzeitig in einer technischen Welt gefangen und der Einsamkeit ausgesetzt fühlt: Autoritätsgläubigkeit und die Opferung individuellen und rationalen Bewußtseins für das übergeordnete Ideal eines neuen Mensch-Seins in einer neuen Gesellschaft sind Erscheinungen, bei denen sich »linke« und »rechte« New Ager weltanschaulich treffen.

Gleichzeitig nimmt die Tendenz zur Politisierung des New Age und jene zur Mythologisierung der Politik ständig zu. So etwa stand in der rechten Zeitschrift »Criticon« zu lesen: »Wer heute in der Demokratie wirkungsvoll Politik machen will [...], muß zu den mythischen Grundwahrheiten zurück-

kehren und sie glaubhaft und möglichst mitreißend verkörpern.«[36]
Das Zitat deckt sich mit ähnlichen Ideen rechter Organisationen, die im Schattenbereich zwischen New Age und Politik ihre Weltsicht verbreiten. Als sehr einflußreich erwies sich dabei die französische »Forschungs- und Studiengruppe für die europäische Zivilisation« (GRECE). Die ursprünglich geheim organisierte Gruppe gilt als »Denkfabrik« der französischen Neurechten um Jean-Marie Le Pen.[37] Ihr Einfluß reicht aber über die Grenzen Frankreichs hinaus: In der BRD verbreiteten sich die GRECE-Ideen, die sich in erster Linie gegen den Gleichheitsgrundsatz richten, durch das Tübinger »Thule-Seminar», in Österreich durch die AFP (»Aktion für Politik«).[38]
Alain de Benoist, Leiter der GRECE, rechter Intellektueller und Neuheide mit einer Vorliebe für okkultes Gedankengut, organisierte den nationalistischen Vordenkerbund als esoterische Elitegruppe.[39] Dokumente, die an die Öffentlichkeit gelangten, enthüllten allerdings, daß es nicht nur um Denken, sondern um politischen Kampf geht: Die Selbstdarstellung als geistige Bewegung soll dabei die realpolitischen Ziele verhüllen.[40]
Unverhüllt dagegen verfolgt der italienische Neofaschismus seine politischen Ziele. Sehr bewußt beruft man sich hier auch auf Julius Evola (1898-1974), der es solcherart schaffte, den Mussolini-Faschisten und den Neofaschisten als Vordenker zu dienen. Baron Evola ist eine weitere Persönlichkeit aus dem »europäischen Untergrund«, deren Denken dem okkulten und dem rechten Gedankengut entspringt. Er schrieb zahlreiche Bücher, in denen er einer patriarchalen, magisch-geistigen Kultur huldigt, die auf ein spirituelles Königtum aufgebaut sein soll, das über verschiedenen Kasten herrscht – wobei Frauen sich unterzuordnen und »karmisch

verdammte Sklaven« die materielle Arbeit zu verrichten hätten[41]. Evola gilt in rechten esoterischen Kreisen als Kultautor. Seine Werke werden heute in Italien, in Frankreich und in der Schweiz immer wieder neu aufgelegt.

Die Tendenz zu einer esoterisch begründeten, mythologisierten Politik beginnt sich inzwischen in ganz Europa durchzusetzen – wobei die »Mythologen« der rechten Bewegungen im deutschen Sprachraum eher im Hintergrund stehen, um keine unangenehmen Erinnerungen aufkommen zu lassen. Der ursprüngliche Nationalismus rechter Bewegungen wurde jedenfalls durch den Traum von einem paneuropäischen Faschismus abgelöst. Das wirkt zum einen internationalistisch, zum anderen fördert es die Zusammenarbeit rechtsextremer Gruppen in ganz Europa. Gemeinsam können die gemeinsamen Feindbilder bekämpft werden: Die »Überflutung« Europas mit »außereuropäischen Elementen« und die Islamisierung.

Ob die Europäische Union einen wirksamen Schutz gegen ein autoritär regiertes »Europa der weißen Rasse« mit aggressiver wirtschaftlicher Expansionspolitik darstellen kann, bleibt abzuwarten.

Das Mythologisieren der Politik bleibt indessen keineswegs den rechten Gruppierungen vorbehalten. Gerade im angelsächsischen Raum mit seiner demokratischen und pragmatischen Tradition werden die Rufe nach einer neuen »psychedelischen, grünen Revolution«[42] laut, wie das der New-Age-Guru Rupert Sheldrake ausdrückt.

Wild- bzw. sanftgewordene Wissenschafter träumen da von einer neuen Politik. Sheldrake: »Grüne, die ich in Deutschland kennenlernte, redeten einen Jargon aus moderner Soziologie und Marximus, und das fand ich ziemlich langweilig. Aber eine mystische politische Bewegung könnte der reinste Kreuzzug oder Dschihad werden.«[43]

Ob von »links« oder »rechts« – die mythologisierte Politik mündet, siehe Zitat, offensichtlich geradewegs im »heiligen Krieg«.

## »Goldenes Zeitalter«, Apokalypse und Weltverschwörung

In den Bereich der mythologisierten Politik gehören auch gewisse New-Age-Dauerbrenner wie das Denken in Verschwörungstheorien oder das Erwarten eines künftigen goldenen Zeitalters mit seinem Führer-Messias.
Auch diese Neigung wurzelt in älteren okkulten Traditionen. Da gab es etwa die von gnostischen Lehren inspirierten mittelalterlichen Bewegungen um Eude de l'Etoile oder um Joachim von Fiore. Diese Endzeitpropheten einer Gesellschaft im Umbruch verkündeten eine unmittelbar bevorstehende »Spiritualisierung«, ein »Goldenes Zeitalter« (Eude de l'Etoile) oder ein »Drittes Reich« (Joachim von Fiore), das gleichzeitig ein tausendjähriges sein würde.[44]
Die sprachliche Übereinstimmung mit dem Nationalsozialismus ist nicht zufällig: Auch hier erwartete man nach großen Kämpfen und Katastrophen ein neues goldenes Zeitalter – mit Hitler als »Messias«. Der »Führer« wurde in der Propaganda zum »Erlöser« stilisiert, was Hitler gefallen haben dürfte. Bereits in »Mein Kampf« heißt es:

> *»[...] Um so seltener der Erfolg. Blüht er aber dennoch in Jahrhunderten Einem, dann kann ihn vielleicht in seinen späten Tagen schon ein leiser Schimmer des kommenden Ruhms umstrahlen. Freilich sind diese Großen nur die Marathonläufer der Geschichte; der Lorbeerkranz der Gegenwart berührt nur mehr die Schläfen des sterbenden Helden.«*[45]

Hitler selbst identifizierte sich im Laufe der Zeit immer mehr mit seiner Rolle als Erlöser, »aus diesem Sintflut-Aspekt seines Weltbildes leitete er seinen Berufungsglauben ab, den missionarischen, heilsbringerischen Zug seines Bewußtseins vor der Geschichte«[46], meint auch Hitler-Biograph Joachim C. Fest. Und selbst Nazi-Ideologe Rosenberg schrieb in seinen »Letzten Aufzeichnungen«: »Inmitten dieser Vorsehung erblickte er [Hitler] sich in steigendem Maße selbst als mit einer Mission betraut. Das war spürbar, als er 1925 aus Landsberg zurückkehrte, und steigerte sich dann nach der Machtübernahme, bis dieser Glaube dann am Schluß des Krieges geradezu peinliche Züge anzunehmen begann.«[47]
Diese »peinlichen Züge« waren in den letzten Kriegsmonaten kaum mehr zu übersehen. Der zu einem Greis gewordene 56-jährige »Führer«, von Gliederzittern geschüttelt, mit Kuchenkrümeln und Speichel, der ihm aus den Mundwinkeln rann, beschmutzt[48], ließ sich von Goebbels aus der »Geschichte Friedrichs des Großen« vorlesen und weinte dabei vor Rührung. Der Propagandaminister dagegen suchte Trost in Horoskopen: In den Planetenkonstellationen sah er die Anzeichen einer bevorstehenden Wende des Krieges.[49] Das tausendjährige Reich lag indessen in Schutt und Asche, und mit ihm die halbe Welt.
Der »Erlöser« Hitler hatte das Dritte Reich in die Apokalypse geführt. Gleichzeitig waren die Untergangsängste die Basis für den »Erlöser« Hitler: Kein Messias ohne Weltuntergang.
Was bei den Nazis der »Welten-Kampf« war, ist nun als Endzeitphantasie auch ein Grundelement des New Age. Und auch hier bieten sich immer wieder Gurus als Erlöser an, wobei geistige und politische Führerschaft gleichgestellt werden – der »weise Mann« und der Diktator vereinigen sich in einer Person. Ob spiritueller oder politischer Herr-

scher: Die Unterwerfung des einzelnen unter den Zentralwillen wird verlangt und durch einen mythologisierenden, unpolitischen Sprachgebrauch legitimiert. Das führt unter anderem dazu, daß Sektenanhänger zu einer leichten Beute für politische Führerbewegungen werden.

Der Mythos von der Endzeit hat sich indessen längst auch im »bürgerlichen« New Age abseits der Sektenbewegungen durchgesetzt. Werke der Untergangspropheten wie Nostradamus erleben nie dagewesene Auflagenzahlen. Andere, wissenschaftliche Untersuchungen zum Zustand der Welt erfahren eine ähnliche Aufnahme: Statt irgendwelche Maßnahmen zu setzen, ergibt man sich oft einer mystisch-pessimistischen Endzeitstimmung.

Diese Stimmung entspricht einem allgemeinen Mißtrauen gegen die »Zivilisation«; das Sich-Fügen in einen vermeintlich unausweichlichen Weltuntergang verdeutlicht den starken Wunsch nach diesem Weltuntergang. Dennoch möchte der einzelne errettet werden, und hier setzt das New Age an: Auf dem Boden der Weltuntergangsphantasie gedeihen Erlösungssehnsucht, Messianismus und Führergläubigkeit.

Eine Minderheit, so glaubte und glaubt man, wird immer verschont bleiben. Was heute der spirituell und esoterisch geschulte New-Age-Seminarbesucher ist, war für die Nazis das deutsche Volk: Auserwählt, sollte es den Weltenkampf gewinnen – oder untergehen. Daß beides nicht geschehen ist, scheint symptomatisch. Ein Vergleich mit den Todes- und Erlösungssehnsüchten des Neurotikers liegt nahe: Die oft gestorbenen Tode treffen nie ein.

Die Weltuntergangsphantasien als demagogisches Mittel, Menschen in Unmündigkeit zu halten, können aber auch in sehr praktischer Weise angewendet werden: Schellenberg, Chef des »Sicherheitsdienstes«, berichtet in seinen Memoiren von der zynischen Nutzung okkultistischen Aberglaubens.

Weissagungen des Nostradamus wurden während des Krieges über Radio, Funk und Flugzettel in Frankreich verkündet.

*»Wir wählten unter anderem Zitate, in denen Nostradamus ›rauchende Feuermaschinen‹ prophezeite, die unter lautem Lärm über den Städten erscheinen und Schrecken und Vernichtung über die Menschen bringen würden. Von uns aus prophezeiten wir zusätzlich, daß nur der Süden und Südosten Frankreichs von solchem Unheil verschont bleiben werde. Panikartig schob sich daraufhin die Masse des Flüchtlingsstroms in die von uns angegebene Marschrichtung. Die deutschen Truppen erhielten dadurch die gewünschte Bewegungsfreiheit, während die Marschwege der französischen Armeen erheblich blockiert wurden.«*[50]

Das Beispiel lehrt: Endzeitphantasien erfüllen sehr wohl ihren ganz banalen politischen Zweck.

Im Dritten Reich wurden diese apokalyptischen Visionen durch groteske, oft an krankhaften Verfolgungswahn grenzende Verschwörungstheorien geschürt. Was Fest über Hitler schrieb, galt bald für ein ganzes Volk: »Tief befangen in seiner Überwältigungspsychose, sah er Deutschland als Objekt einer Weltverschwörung, bedrängt von allen Seiten durch Bolschewisten, Freimaurer, Kapitalisten, Jesuiten, sie alle verklammert und im Vernichtungswerk strategisch kommandiert durch den ›blut- und geldgierigen jüdischen Volkstyrannen‹.«[51]

Die proklamierte große, jüdische Weltverschwörung war die Basis für den »Erlöser« Adolf Hitler. In einer Weihnachtsausgabe des »Völkischen Beobachters« liest sich das dann so: »Der aufgehende Stern in der Weihnachtszeit deutete auf den Erlöser … der sich nun teilende Vorhang zeigt den neuen Erlöser, den Erretter des deutschen Volkes aus Schande und Not – unseren Führer Adolf Hitler.«[52]

Zur Untermauerung des Bedürfnisses nach einem Erlöser wurden auch immer wieder Dokumente vorgelegt, die eine geheime Verschwörung beweisen sollten. Berühmt wurden u.a. die um die Jahrhundertwende auftauchenden »Protokolle der Weisen von Zion«, die von einem angeblichen internationalen Geheimbund jüdischer Mächtiger berichten, die sich die Welt untertan machen wollten. Dabei bedienten sie sich zynischer Machtpolitik, spielten Freund und Feind gegeneinander aus, wären ausschließlich an Spekulation, Profit und finanzieller Manipulation interessiert. Über den Kommunismus, die Freimaurerei und verschiedene Geheimbünde wollten sie die globale Macht an sich reißen.

Es wurde sehr schnell nachgewiesen, daß die »Protokolle« eine Erfindung russischer antisemitischer Kreise waren.[53] Das hat ihrer Popularität allerdings keinen Abbruch getan: Zwar wird heute vorsichtig relativiert, aber immer noch eifrig aus den »Protokollen« zitiert.

Auch im New Age erfreuen sich Verschwörungstheorien größter Beliebtheit. Das zeigt sich nicht nur in den Werken diverser Kultautoren wie Umberto Eco oder Robert Anton Wilson, die allerdings mit ihren (oft ironisch dargestellten) Theorien von geheimen Bünden, die die Welt beherrschen, keine völkische Ideologie verbreiten.

Literarisch weniger hochwertig, aber beispielhaft für den Umgang rechtsgerichteter »New Ager« mit der Verschwörungstheorie, ist Dieter Rüggebergs Buch »Geheimpolitik«. Ausgehend von den »Protokollen der Weisen von Zion« entwirft er die Theorie einer »geheimen Weltregierung«[54], deren Handlanger die »meineidigen Präsidenten, Minister, Staatssekretäre etc.« wären. Die Macht dieser geheimen Weltregierung reicht sogar in sehr metaphysische Bereiche:

*»Die Okkultisten der Unsichtbaren [sic] Regierung wis-*

*sen selbstverständlich, daß die Reinkarnation oder Wiederverkörperung des menschlichen Geistes eine Tatsache ist, und der Geist nach dem Tode weiterlebt und sich nach dem Gesetz des Karma für seine Taten vor den Richtern der Saturnsphäre verantworten muß. Da sie aber die großen Verbrechen und Verantwortlichkeiten ihren Handlangern aufladen, sind sie zu einem gewissen Grade vor karmischen Rückschlägen geschützt.«*[55]

Hier mischen sich krause Gedankengänge und Begriffsverwirrung zu einem bedenklichen Extrakt – denn, wie gesagt, die Weltverschwörung verlangt nach einem Erlöser, nach einem neuen Führer. Längst ist es wieder soweit: Deutschland sei »im Fadenkreuz« der internationalen Verschwörer.[56] Die deutschen Politiker, die die polnische Westgrenze anerkannten, hätten weder aus »Dummheit« noch aus »Feigheit« so gehandelt: »Vielmehr handelt es sich hier um einen neuen Fall von Verrat, um den ersten Baustein zur Wiederaufrichtung jener Zustände zwischen 1920 und 1933, die dann mit dem Triumph des Faschismus und der Alliierten endeten.«[57]

Bemerkenswert diese Schlußwendung: »Triumph des Faschismus und der Alliierten«. Das heißt im Grunde nichts anderes, als daß auch der Nationalsozialismus nichts als die Erfindung der okkulten Weltverschwörer gewesen sei, um Deutschland in den Untergang zu führen. Nicht Deutschland hat der ganzen Welt den Krieg angesagt – sondern die Welt hätte sich verbündet, um Deutschland zu vernichten.

Man sieht, es gibt gefährlicheres als Geheimbünde. Zum Beispiel, bedingungslos an ihre Macht zu glauben. Denn die Verschwörungstheorien entbinden der Verantwortung, und zwar in zweifacher Weise: Einerseits wird jedes persönliche Tun überflüssig, da es ohnehin auf die eine oder andere Art die Langzeit-Ziele der »geheimen Weltregierung« unterstützt. Andererseits wird nur eine ebenso »geheime Gegenverschwörung« in der Lage sein, sinnvoll aktiv zu werden – eine Gegenverschwörung politisch-geistiger Führer, denen sich das Individuum dann unterzuordnen habe. Verschwörungstheorie und individuelle Unmündigkeit werden hier zur endlosen Schleife. Das funktioniert so gut, daß man fast glauben könnte, die Mächtigen der Erde hätten sich verschworen, um Verschwörungstheorien in Umlauf zu bringen …

## Kulturkampf als »Kulturenkampf«

Ob im Mittelalter, in der Zwischenkriegszeit oder heute: Endzeitgefühle, Verschwörungstheorien, das Warten auf ein »goldenes Zeitalter« und der damit zusammenhängende Glaube an geistige oder politische Führer tauchen in der Gesellschaft immer wieder auf. Warum aber kommt es so häufig zu der verhängnisvollen Allianz von Okkultismus und Politik?

Um dieser Frage nachzugehen, will ich noch einmal kurz in die Vergangenheit zurückkehren. Denn in der nationalsozialistischen Religiosität und im Kampf der NS-Bewegung gegen Aufklärung und Vernunft zeigen sich Bruchstellen des modernen Weltbildes, die typisch für einen in der Geschichte immer wiederkehrenden Zivilisationspessimismus sind.

Was sich hier zeigte und zeigt, entspricht einem »Unbehagen in der Kultur«, wie Sigmund Freud es nannte. Freuds Abhandlung, 1929 erschienen, paßte genau in die Krisenzeit. Freud führt dieses Unbehagen unter anderem darauf zurück, daß verschiedene aggressive und erotische Triebregungen den gesellschaftlichen Normen angepaßt werden müßten, was zu Verdrängung, zu Schuldgefühlen und daher zu Leid führe.[58]

Vielleicht läßt sich das Mißtrauen gegen alles, was die »Zivilisation« vertritt – Gesellschaft, Kirche, Technik, Aufklärung, Naturbeherrschung – tatsächlich auch mit dieser psychoanalytischen Deutung erklären.
Das schließt jedoch eine andere Deutung nicht aus, wonach der Okkultismus einer der Träger dieser – nicht nur individuell zu verstehenden – verdrängten Triebregungen ist. Im Okkultismus wird vielfach das Bedürfnis nach der Allmacht des Zauberers, der Freiheit des Erleuchteten, nach der sexuellen und moralischen Unabhängigkeit dessen erfüllt, der sich jenseits von Gut und Böse wähnt.
Die »Moral« hingegen wurde und wird, zumindest äußerlich, von der Herrschaft getragen – also von der Kirche und, seit der industriellen Revolution, von den Vertretern einer Aufklärung, die sich einst selbst gegen diese Herrschaft gestellt hatte.
Kein Wunder, daß das gesellschaftliche »Unbehagen in der Kultur« sich immer wieder in erster Linie gegen die Kirche und gegen die Aufklärung richtete.
Dieses Unbehagen äußerte sich in okkulten Bewegungen genauso wie im Nationalsozialismus. Damit soll nun nicht eine neue Parallele zwischen diesen beiden Linien konstruiert werden. Vielmehr geht es nun um die Fragen, warum es immer wieder zu einer Verbindung von esoterischem Gedankengut und radikaler Politik kommt – und warum dabei der Kampf gegen die Kirche, der sogenannte »Kulturkampf«, eine wichtige Rolle spielt.
Das Wort »Kulturkampf« wurde ursprünglich für den Konflikt zwischen dem preußischen Staat und der katholischen Kirche von 1872 bis 1887 gebraucht. Heute hat es längst eine Begriffserweiterung erfahren und bezeichnet allgemein den Kampf zwischen Staat und Kirche.
Betrachtet man ideengeschichtliche Zusammenhänge, be-

sonders in bezug auf die Wiederkehr des Neuheidentums innerhalb des New Age (oder parallel dazu), so scheint es, als wäre dieser Kulturkampf niemals abgeschlossen worden, sondern, ganz im Gegenteil, ein möglicher Ausgangspunkt zukünftiger Konflikte.

Dabei ist es schwierig, das Thema Nationalsozialismus und Kirche in seiner Gesamtheit zu betrachten. Zu verschieden sind die möglichen Fragestellungen, zu wechselhaft die nationalsozialistische Politik. So kann es auch passieren, daß verschiedene Teilbetrachtungen des Themas zu verschiedenen Schlüssen kommen. Karlheinz Deschner etwa weist in seiner hervorragenden Studie »Mit Gott und dem Führer« die enge Verflechtung des Dritten Reichs mit der evangelischen und vor allem mit der katholischen Kirche auf politischer Ebene nach. Nach der Auswertung historischer Dokumente drängte sich ihm sogar die Frage auf, ob »da nicht einer (einer?) unter Nürnbergs Galgenstricken«[59] (für die Kriegsverbrecher) gefehlt habe – nämlich Eugenio Pacelli. Dieser, besser bekannt als Papst Pius XII., hatte nicht nur jeden Deutschen, der Hitler den Gehorsam verweigerte, zum »Sünder« erklärt.[60] Nein, der Papst war auch über die Judenvergasung in den Konzentrationslagern informiert – und schwieg.[61]

Parallelen auf struktureller Ebene zwischen Kirche und NS-Staat wurden im Kapitel über die SS bereits angedeutet. Nicht unerwähnt bleiben soll auch die lange antisemitische Tradition des Christentums, dem es gelang, die Juden als Christus-Mörder in den Hirnen und Herzen des Volkes zu verankern.

Dennoch kann man ebenso von einer starken antichristlichen, kulturkämpferischen Tendenz des Nationalsozialismus sprechen. Politische Zusammenarbeit bedeutete keineswegs ideologische Übereinstimmung. Der Nationalsozialismus war vor dem Krieg gegen die ganze Welt immer opportunistisch genug, weltanschauliche Inhalte seinen Machtinteressen unterzuordnen. Hitler verschob außerdem viele seiner Pläne auf die Zeit nach dem »Endsieg«. In den als verläßlich geltenden Aufzeichnungen Pickers der Tischgespräche im Führerhauptquartier sagt Hitler etwa über die »Zukunft der christlichen Religion«:

*»Ich bin nicht der Meinung, daß etwas bleiben muß, was einmal war. Die Vorsehung hat dem Menschen die Einsicht gegeben, damit er nach seiner Einsicht handle. Die Einsicht zeigt, daß die Herrschaft der Lüge gebrochen werden will. Sie zeigt aber auch, daß man das jetzt nicht kann. Um die Lüge nicht mitmachen zu müssen, habe ich Kirchen und Partei getrennt gehalten. Ich schrecke vor dem Kampf nicht zurück, den ich, wenn es darauf ankommt, auszufechten habe, und werde sofort handeln, falls die Prüfung ergibt, daß es geschehen kann.«*[62]

Die »Tischgespräche«, geführt in engem Kreis und nicht zur Veröffentlichung gedacht, enthalten zahlreiche Äußerungen, die darauf hinweisen, daß nach Kriegsende »auf Heller und Pfennig abgerechnet werde.«[63] Den offenen Kampf gegen die Kirche fand Hitler aber offensichtlich unklug:

*»Da alle Erschütterungen von Übel sind, erachte ich es für das Schönste, wenn wir die Einrichtung der Kirche allmählich durch eine geistige Aufklärung überwinden und ihren Tod schmerzlos machen könnten.«*[64]

Dennoch war die Ausschaltung der Kirche für Hitler die wichtigste Aufgabe für die Zeit nach dem »Endsieg«:

*»Der Krieg wird ein Ende nehmen. Die letzte große Aufgabe unserer Zeit ist dann darin zu sehen, das Kirchenproblem noch zu klären. [...] In der Jugend stand ich auf dem Standpunkt: Dynamit! Erst später sah ich ein, daß*

*man das nicht übers Knie brechen kann. Es muß abfaulen wie ein brandiges Glied.«*[65]

Noch deutlicher wird Alfred Rosenberg: Lange, wütende antichristliche Passagen im »Mythus des 20. Jahrhunderts« befassen sich mit der Kirche und ihrer Geschichte. Nicht nur Duldung, sondern Ehrfurcht vor anderen Religionen hätten im heidnischen Europa geherrscht, bevor »der Geist des Bonifazius und das Zwangsgesetz der Liebe siegten.«[66]

Davon abgesehen, daß Rosenberg und seine Politik anderen Religionen ebenfalls nicht nur keine Duldung und Ehrfurcht entgegenbrachten, sondern sie verfolgten und vernichteten, hat er mit seiner Behauptung recht: In der Tat sind demokratische Struktur, Toleranz und Gastfreundschaft der meisten heidnischen Gesellschaften historisch belegt.[67] Das Christentum hingegen brachte unglaubliches Leid nicht nur über Europa, sondern über die ganze Welt – ein Blick in die dicken Bände von Karlheinz Deschners Lebenswerk »Kriminalgeschichte des Christentums« bezeugt das.

Die christliche Intoleranz konnte Rosenberg freilich nicht so stören. Ihm ging es eher um die Schaffung einer nationalsozialistischen Ersatzreligion:

*»Im Suchen nach einer neuen seelischen Anknüpfung an Vergangenes gehen nicht die Schlechtesten der heutigen Erneuerungsbewegung nur auf die Edda und ihr verwandte germanische Vorstellungskreise zurück. Ihnen ist es in erster Linie zu verdanken, daß neben der Fabel auch der innere Reichtum unserer Sagen und Märchen unter dem Schutt und der Asche der Scheiterhaufen wieder sichtbar geworden ist.«*[68]

Selbst die letzten Seiten seines umfangreichen Hauptwerkes »Der Mythus des 20. Jahrhunderts« widmet Rosenberg der Kirche. Durch gesperrte Schrift hervorgehoben heißt es da:

*»Die Sehnsucht, der nordischen Rassenseele im Zeichen*

*des Volksmythus ihre Form als Deutsche Kirche zu geben, das ist mir die größte Aufgabe unseres Jahrhunderts.«*[69]

Auch hier wird also, ähnlich wie bei Hitler, die siegreiche Beendigung des Kulturkampfes – den Rosenberg euphemistisch einen »Kultur gestaltenden Kampf«[70] nennt – durch Ausschaltung des Gegners und Bildung einer neuen Religion als absolutes Hauptziel bezeichnet. Ein Ziel, das in die Tat umzusetzen vielleicht gar nicht so schwer gewesen wäre.

Tatsächlich befand sich die Kirche als spiritueller, religiöser, kultischer Mittelpunkt in einer schweren Krise, genauso wie – naheliegenderweise – das Bürgertum und die bürgerlich-christlichen Parteien. Kommunismus einerseits und Faschismus andererseits bedrohten alle christlichen Werte, etwa die Sexualmoral – wobei die Nationalsozialisten zwischen einer empörten, antikommunistischen Zurückweisung der »Greuel des Atheismus« und einer eigenen bürgerschreckenden Sozialrevolution hin- und herschwenkten.

Die alten Werte gerieten jedenfalls gehörig ins Wanken. Joachim C. Fest:

> *»In der Tat hat selten eine Epoche ein so bestimmtes Bewußtsein ihres eigenen Übergangs gehabt. […] Der Pessimismus, der solange das Grundgefühl einer Minderheit gewesen war, wurde unversehens zur Grundstimmung einer ganzen Zeit.«*[71]

Die Reaktionsmuster auf diese Stimmung waren verschieden: Die einen wollten die »Umwertung aller Werte« ohne Rücksicht auf Verluste vorantreiben, die anderen huldigten einem romantischen Weltbild mit seinen mythischen Gestalten und seiner germanischen Folklore. Die Kirche, von beiden Extremen angefeindet, schlug mit der Kraft des Verzweifelten wild um sich – etwa der Katholik Erhard Schlund in seiner kritischen Bestandsaufnahme des »Neugermanischen Heidentums im heutigen Deutschland« (1924):

*»Ja, ein neuer Wotankult entstand. Doch waren es vor dem Kriege nicht allzu viele, die eine unveränderte Aufnahme der altgermanischen Götterwelt befürworten wollten. [...] Zum Teile wurde noch das altheidnische Gewand beibehalten und die altheidnischen Anschauungen nur mit der modernen Wissenschaft, sei es Philosophie, sei es Naturwissenschaft, ja sogar mit der Theosophie in Einklang gebracht. [...] Erst nach dem Krieg und Umsturz bekamen sie mehr Bedeutung, um in der Gegenwart direkt zu einer Gefahr für das Christentum zu werden.«*[72]

Das Christentum war offensichtlich den Anforderungen der neuen Zeit, den Veränderungen der Welt nicht gewachsen. Das Volk begann seine Macht zu spüren; dieses ursprünglich demokratische Phänomen führte auch zu einer »Demokratisierung« der Religion: Die spirituelle Erfahrung sollte jedem und jederzeit ohne Vermittlung durch die Autorität einer Kirche möglich sein. Walter Colsmann, einer der führenden Vertreter der neugermanischen Religion, brachte diesen Standpunkt im Jahr 1919 auf den Punkt (auch wenn dieser lange auf sich warten läßt):

*»Gott ist uns nicht der allmächtige all-liebende Vater, nicht ein Schöpfer und Lenker der Welt, nicht ein Richter der Lebenden und Toten, sondern ist uns die tiefe, lautere Stimme unseres Herzens, die wir in unseren stillsten, heiligsten und größten Stunden spüren, jene innere Strömung und Welle, die uns einem unerforschlichen, in seinem Wesen und Wirken uns verborgenen Meere, eben dem Urgrund der Welt, oder auch: Gott in seinem ganzen weiten Sinne, verbindet, ist uns des Lebens und der Welt Werde- und Entfaltungsgesetz, in dem sich uns*

*Gott aufstrebend in Kampf und Liebe offenbart; ist uns das geahnte und heilige und unnennbare Geisteswesen, das in allem Leben, in Persönlichkeit und Völkern vor allem, pulst.«*[73]

Kein Wunder, daß kirchliche Stellen Äußerungen wie diese mit größter Besorgnis betrachteten, enthielten sie doch alles, was der Kirche schon immer suspekt war – vor allem deshalb, weil sich darin ihre religiösen und machtpolitischen Grenzen zeigten: Ein subjektiver, persönlicher Zugang zur Spiritualität, pantheistische Vorstellungen, gepaart mit einer mystischen Innerlichkeit, das alles versehen mit einem starken Hang zu naturreligiöser Diesseitigkeit. (Wobei der Ausdruck »Naturreligion« eigentlich irreführend ist, denn so wie es nur Kulturvölker gibt, existieren auch nur »Kulturreligionen«. Dennoch soll das Wort Verwendung finden, weil es sehr schön ausdrückt, daß es sich um Religionen handelt, die eng an die Verehrung der Natur gebunden sind.)

Der Nationalsozialismus machte sich die allgemeine Glaubenskrise zunutze, indem er der Unsicherheit mit neuen oder wiederentdeckten Werten (Reich, Volk, Rasse) begegnete. Den verwirrten religiösen Gefühlen einer ganzen Generation bot er »spirituellen Ersatz« mit stark religiösen Zügen. Der kirchliche Kalender wurde zunehmend durch einen germanisch-nationalsozialistischen ersetzt, in dem die Wintersonnwende ebenso ein Feiertag war wie der Jahrestag des NS-Putschversuchs am 9. November. Hitler hielt »Julreden« an »Kultstätten« und beschwor Walhall. Andererseits war er opportunistisch genug, den geplanten Kulturkampf gegen die Kirche nie wirklich zu beginnen. Als Widerstand der Kirche zu befürchten war, ließ Hitler die Begriffe »kultisch« und »mystisch« bei Parteiveranstaltungen verbieten und ordnete die Umbenennung etwa von »Kulthainen« in »Sportarenen«[74] an.

Eine vielleicht übertriebene Vorsichtsmaßnahme, denn mit wenigen Ausnahmen waren die christlichen Kirchen im Dritten Reich ebenfalls opportunistisch genug, sich nach 1933 niemals offen gegen den Nationalsozialismus zu stellen. Die seltenen Ausnahmen waren allerdings sehr wirkungsvoll, wie Deschner anhand einiger Beispiele nachweist.[75]

Doch die nationalsozialistische Anpassung an die äußerliche und – schlimmer – verinnerlichte Macht der Kirche diente wohl nur der Tarnung. Auch Rauschning berichtet in seinen »Gesprächen mit Hitler« von dessen kulturkämpferischen Absichten:

> *»Hitler sprach über unser Bauerntum. Er behauptete, daß auch bei uns unter der christlichen Kruste das echte, alte, ewige Heidentum säße und immer wieder hervorbräche. […] Der Bauer soll wissen, was ihm die Kirche zerstört hat. Das ganze geheimnisvolle Wissen um die Natur, das Göttliche, das Gestaltlose, Dämonische. Sie sollen die Kirche von da aus hassen lernen.«*[76]
>
> *»Was wir tun sollen? Was die katholische Kirche getan hat, als sie den Heiden ihren Glauben aufgepfropft hat: erhalten, was zu erhalten geht und umdeuten. Wir werden den Weg zurückgehen: Ostern ist nicht mehr Auferstehung, sondern die ewige Erneuerung unseres Volkes, Weihnachten ist die Geburt unseres Heilandes: des Geistes der Heldenhaftigkeit und Freiheit unseres Volkes.«*[77]

Auch wenn Rauschning, wie bereits gesagt, als Geschichtsquelle mit großer Vorsicht zu genießen ist, so fanden Aussagen wie diese ihre Entsprechung zum Beispiel in den zahlreichen, von den Nationalsozialisten organisierten Brauchtumsausstellungen, in den neuheidnischen Schriften, in den neogermanischen Festen und Kulten des Reichsbauernführers Darré.

Was hat dies alles aber mit dem Okkultismus zu tun?

Nun, die heidnische, »magische« Naturreligion, die hier ihre Renaissance feierte, wirkte über Jahrhunderte im Verborgenen, also »okkult«, und zwar nicht nur im Volksbrauchtum, sondern in sehr kontinuierlicher Weise in den okkulten Gesellschaften, Lehren und Religionsgemeinschaften. Das magische Ritual, Bestandteil jeder Naturreligion, wurde im Okkultismus, vom rein Religiösen abgekoppelt, weitergeführt und weiterentwickelt. C.G. Jung meinte sogar, die unbewußten Inhalte der Stammeslehren hätten sich in die bewußte Form der Geheimlehren verwandelt.[78] Zwischen Okkultismus und Heidentum besteht ein innerer Zusammenhang.

Die Formen, in denen dieses Heidentum oder Neuheidentum sich im Laufe der Geschichte schließlich äußerte, waren allerdings denkbar verschieden: In den häretischen Bewegungen, den mittelalterlichen Bauernkriegen, im romantisch-magischen Naturbewußtsein des 19. Jahrhunderts, im Nationalsozialismus, in der grünen oder »alternativen« Szene sowie in der New-Age-Bewegung.[79]

Es handelt sich dabei allerdings um stark veränderte, oft pervertierte Übernahmen heidnischer Tradition: Das gilt für die nationalsozialistische Vermischung naturreligiöser Elemente mit einem extremen Rassismus und Sozialdarwinismus, ebenso aber für den Gebrauch heidnischer Spiritualität in ökologischen Bewegungen. Denn schon der Grundgedanke dieser Bewegungen, nämlich daß die Natur als »Umwelt« unseres Schutzes bedürfe, widerspricht der heidnischen Auffassung, wonach Mensch und Natur nicht getrennt betrachtet werden könnten.

Meist treten das verschüttete Heidentum oder andere untergründig stets vorhandenen magisch-naturreligiöse Strömungen wieder an das Tageslicht, wenn die Gesellschaft sich in einer Krise befindet. Was für den Menschen gilt, gilt wohl auch für die menschliche Gesellschaft: In Zeiten des Umbruchs und der Unsicherheit sind die Grenzen zwischen bewußten und unbewußten Schichten durchlässiger. Verdrängtes und Verbanntes kommen wieder an die Oberfläche. Politisch wird dieses ursprünglich rebellische Potential von den neu entstehenden Autoritäten zuerst ausgenutzt – und später wieder unterdrückt.

Tatsächlich haben okkulte und heidnische Traditionen durch den Nationalsozialismus letztendlich bleibenden Schaden erlitten, weil sie als Herrschaftsinstrument benutzt wurden. Diese Schädigung überdauerte die Nazi-Diktatur bei weitem. Roman Schweidlenka: »Nach dem Zusammenbruch des Dritten Reiches erfolgte durch die Besatzungsmächte ein Verbot neuheidnischer Kulte. Wodan und Co. wurden – verständlicherweise, aber dennoch zu Unrecht – als Teil der Nazi-Massenmordmaschinerie betrachtet.«[80]

Ebensogut wie die neuheidnischen Kulte hätte man allerdings das Christentum verbieten können, dessen Heils- und Erlösungslehre die NS-Bewegung viel stärker prägte als die oft entstellte Übernahme heidnischen Gedankengutes.

Géza von Neményi, einer der bekanntesten deutschen Neuheiden, schrieb in seinem 1988 erschienenen Buch »Heidnische Naturreligion«:

> *»Leider wird germanisches Heidentum immer wieder mit den 12 Jahren Hitlerdiktatur gleichgesetzt, weil Hitler sich auch auf ›Germanisches‹ berufen hatte. […] Schuld an einer Gleichsetzung Germanentum-Faschismus haben aber sicherlich auch die sog. ›ariosophischen‹ Gruppen, die in den zwanziger Jahren existierten, und völkisch-rassistische Ideologien mit ›neugermanischen‹ Erkenntnissen vermischten.*
>
> *Von diesen Gruppen und ihren Zielen distanziere ich mich, denn sie stehen dem echten Heidentum fern. Heidnische Religion, Germanentum also und Totalitarismus*

*passen überhaupt nicht zusammen. Bei den Germanen war immer die persönliche Freiheit des Individuums wichtig, es gab die Thing-Demokratie, keine Führerdiktatur.«*[81]

Der scheinbar plötzlich auftretende Gegensatz von Heidentum und Christentum war aber – seit der Christianisierung – immer vorhanden. Der Fluß fließt untergründig, aber stetig. Genau dieser Fluß kommt im neuen, unter dem Begriff New Age zusammengefaßten Okkultismus, der ebenfalls stark heidnische Züge trägt, auch heute wieder an die Oberfläche. Sogar okkulte und heidnische Vereinigungen der Zwischenkriegszeit existieren heute immer noch oder schon wieder – davon später.

Dieser untergründige Fluß gehört zur europäischen Geistesgeschichte und stellt ein nicht zu unterschätzendes Potential gebundener Kräfte dar, die bei ihrem Freiwerden politisch genutzt werden können. Genau das tat der Nationalsozialismus, dessen Religiosität ein eigenartiges, undurchschaubares Gemisch aus christlich-gnostischen und heidnisch-naturreligiösen Einflüssen darstellte.

## Die Welt darf nicht Chicago werden oder: Der Kampf gegen die Vernunft

Doch der Hauptgegner der Nazis war nicht die »römische Kirche«, sondern das sogenannte »Römisch-Jüdische« – eine Wortkombination, die bei Rosenberg und anderen NS-Ideologen häufig vorkommt. Darin drückt sich aus, daß der Kampf, um den es ging, ein zweifacher war: Einerseits einer gegen das Christentum, das als Feind germanischen Lebensgefühls betrachtet wurde, andererseits einer gegen das Judentum, das als Inkarnation des modernen, wissenschaftlichen Weltbildes dem deutschen Rassemythus entgegenstünde.

Was sich hier aber anbahnte, war im Grunde nichts Geringeres als ein Kampf gegen die gesamte Zivilisation. Dabei hängten sich die Nationalsozialisten an ein schon bestehendes Mißtrauen gegen die »modernen Zeiten« an – und verschärften es.

Denn die oft beschworene »Zeitenwende« fand tatsächlich statt: Die industrielle Revolution war in Deutschland, im Gegensatz zum übrigen Europa, eine echte Revolution und keine Evolution gewesen. Innerhalb weniger Jahre, beschleunigt durch den Ersten Weltkrieg, wurde aus einer feudalen Monarchie eine der modernsten Industrienationen der Welt. »Daher ist uns, als wenn uns der Boden unter den Füßen versinke«, notierte Karl Jaspers im Jahr 1931.[82]

Die nationalsozialistische »Gegenaufklärung« paßte zu dieser durch rasante Industrialisierung »entzauberten Welt«, wie sie Horkheimer und Adorno in ihrer »Dialektik der Aufklärung« nannten: »Das Programm der Aufklärung war die Entzauberung der Welt. Sie wollte die Mythen auflösen und Einbildung durch Wissen stürzen.«[83] Die Aufklärung wurde plötzlich nicht mehr, wie noch vom alten Kant, als der Ausgang des Menschen aus seiner selbstverschuldeten Unmündigkeit gesehen, sondern als Übergang von einer Unmündigkeit in die nächste.

»Der Geist als Widersacher der Seele», so auch der Titel des Hauptwerkes von Ludwig Klages (1929), wurde verantwortlich gemacht für einen u.a. von Spengler (1918/22) formulierten Kulturpessimismus – »der Untergang des Abendlandes« drohte.

Ein vielgepriesenes Mittel gegen diesen prophezeiten Untergang war eine Kritik des wichtigsten »Götzen« der Aufklärung: Der Vernunft.

Das Schlagwort von der Vernunft, die »immer unvernünftiger wurde«[84] (Rosenberg), war allgemeines Gedankengut. Dabei kam es allerdings schon damals immer wieder zu Definitionsproblemen, die sich später in der sogenannten Irrationalismus-Debatte wiederholten: Was ist Vernunft, was ist Verstand, was ist Intellekt? Wird die Vernunft selbst unvernünftig? Ist es der Verstand, der für unvernünftige Auswüchse verantwortlich ist oder gar die »nicht verstandene Vernunft«[85] (Karl Jaspers)? Das Problem führt uns in diesem Zusammenhang zu sehr in philosophische Fachgebiete, ähnlich wie die Unterscheidung von »irrational« (nicht vernünftig) und nicht-rational (keine Vernunftkategorie, etwa Träume).

Daß der Mensch kein rein rationales Wesen ist, bedarf keiner Erläuterung. Im folgenden geht es aber eher um jenes gesellschaftliche Bewußtsein, das sich weder aus Verstandes- noch aus Vernunftkategorien bestimmen läßt, und das wir »Irrationalismus« nennen wollen.

Dieser wandte sich gegen den Rationalismus, also gegen die Herrschaft einer Vernunft, die als immer unvernünftiger empfunden wurde – unter anderem deshalb, weil sie eine als bedrohlich empfundene Umwelt hervorgebracht hatte.

Doch das mechanistische Weltbild zog nicht nur verschiedene Gefahren nach sich, es vergaß auch auf einen ganzen Teil des Menschen.

Neu war der Gedanke einer durch die Auswüchse der Vernunft entstehenden äußeren und »inneren Industrialisierung«[86] nicht – allerdings niemals so populär wie in der Zwischenkriegszeit. Äußere und innere Verarmung – daran hat sich bis heute nicht viel geändert – bedingen einander. Die Bereitschaft zu Aggression, Gewalt, Ausgrenzung anderer und Führergläubigkeit wächst proportional zum Gefühl der individuellen Sinn- und Machtlosigkeit.

Auch manche Slogans von damals und heute gleichen einander in erstaunlicher Weise. Schon in den zwanziger Jahren herrschte (im »Völkischen Beobachter«) die Angst vor, die ganze Welt könnte zu einem »mit Landwirtschaft durchsetzten Chicago«[87] werden. Ein Retter mußte kommen.
Joachim C. Fest:

> *»Der Anspruch, den Hitler erhob, zielte auf nichts Geringeres als die Heilung der Welt. Keineswegs wollte er einfach die gute alte Zeit zurückbringen, noch weniger ihre feudalen Strukturen, wie die sentimentalen Reaktionäre glaubten, die seinen Weg in anhaltender Verblendung begleitet und gefördert haben. Was er zu überwinden beanspruchte, war nichts anderes als die Selbstentfremdung des Menschen, verursacht durch den zivilisatorischen Prozeß.«*[88]

Doch Hitler gab nur vor, diese Selbstentfremdung überwinden zu wollen. Weit davon entfernt, tatsächlich einen wilden Kapitalismus und eine bedrohliche Technik einzudämmen, nutzten die Nazis die Ängste davor propagandistisch aus. Sie behaupteten, die Gegensätze von Moderne und spiritueller Erfüllung zu vereinigen: Einerseits präsentierten sie sich als moderne, dem Fortschrittsgedanken huldigende Jugendpartei – im Gegensatz zu den alten Systemparteien. Dem entsprechen die wirtschaftlichen Aktivitäten in der Großindustrie, der Autobahnbau, die Städteplanung, die Waffen-Technologie.
Andererseits wurde gleichzeitig versucht, als Mahner gegen den Modernismus und als Bewahrer ewiger Werte aufzutreten. Darin liegt auch die starke Parallele zu den heutigen neuen Rechtsparteien:

> *»Damals wie heute sind die Rechtsradikalen aber noch in einem zweiten, viel grundsätzlicheren Sinne modern. Sie sind eine reaktionäre Reaktion auf die Krisen der in-*

*dustriellen Modernisierung mit Mitteln der Moderne. Von dieser Paradoxie lebt der Rechtsradikalismus bis heute. Er profitiert von den Krisen der Industrialisierung und trägt gleichzeitig dazu bei, sie auf die Spitze zu treiben.«*[89] (Walter Oswalt)

## Von der Erlösung zur Endlösung

Die Schuldigen an den Auswüchsen der Moderne und überhaupt am Unheil in der Welt standen für die Nazis jedenfalls von Anfang an fest: Die Juden. Man machte sie für alles verantwortlich. Massenhaft entstanden Wortpaare wie »jüdisch-liberalistisch«, »jüdisch-freimaurerisch«, »jüdisch-kommunistisch«, »jüdisch-entartet«, »jüdisch-rational«.

Dieses »Jüdische« war, wie später allgemein vergessen wurde, einer der Träger des deutschen Nationalismus bis 1933, und manchmal sogar darüber hinaus. Die zahlreichen jüdischen Gefallenen und die vielen jüdischen Frontkämpfer des Ersten Weltkriegs mit ihren Verdienstkreuzen bereiteten den Nazis bei der Einteilung der Welt in Gut und Böse zwar Kopfzerbrechen – aber solche Widersprüche im System wurden geflissentlich übersehen.

Der fanatische Antisemitismus machte nicht einmal vor den Interessen des Dritten Reichs halt: Nicht nur die meisten bedeutenden Künstler waren emigriert oder vertrieben worden, was das Ansehen Deutschlands in der Welt natürlich nicht vergrößerte. Auch zahlreiche jüdische und nichtjüdische Wissenschafter verließen die Nazi-Diktatur, wodurch sich das Weltzentrum der Atomforschung von Göttingen in die USA verlagerte. »Es ist eine interessante Spekulation, daß ohne Hitlers Antisemitismus wahrscheinlich Deutschland,

und nicht Amerika, als erste Macht eine Atombombe entwickelt haben würde.«[90] (Sebastian Haffner)
Um »Nutzen« oder »Schaden« ging es indessen längst nicht mehr. Das zeigt sich auch daran, daß die Judendeportationen zum Ärger der Militärs die gerade nach der Niederlage von Stalingrad wichtigen Bahnverbindungen in den Osten behinderten.[91] Die Nazis deuteten die Judenverfolgung mit zunehmendem Fanatismus als den Kampf zweier sich für auserwählt haltender Völker. Rosenberg sprach im »Mythus des 20. Jahrhunderts« vom »deutschen Genius« und vom »jüdischen Dämon«: »In dieser großen, vielleicht entscheidenden Auseinandersetzung zwischen zwei weltfernen Seelen stehen wir heute.«[92] In diesem Dualismus von Gut und Böse zeigen sich wieder die gnostischen Ursprünge von Rosenbergs Weltanschauung. Micha Brumlik ortet in seiner Analyse gnostischer Bewegungen ähnliche Tendenzen bei Hitler:

> *»... in Hitlers ›Mein Kampf‹ wird ein religiöses System entwickelt, das erstmals in der Geschichte Europas die im gnostischen und manichäischen Dualismus angelegten destruktiven Potentiale vom Kopf auf die Füße stellt: wenn es so etwas wie das Widergöttliche tatsächlich gibt, dann muß es in aller Konsequenz bekämpft werden.«*[93]

Die radikale Weltverneinung christlich-gnostischen Denkens fand eine Fortsetzung im katholischen Erlösungsgedanken und schließlich in der »Endlösung«. Horkheimer und Adorno drückten das so aus: »Für die Faschisten sind die Juden nicht eine Minorität, sondern die Gegenrasse, das negative Prinzip als solches; von ihrer Ausrottung soll das Glück der Welt abhängen.«[94]
»Genozid und Heilserwartung« (Michael Ley[95]) gehören zusammen.

## Weltkrieg als »Weltenkrieg«

Der »Kampf der Rassen« weitete sich schließlich zu einem Krieg der selbststilisierten Unkultur gegen die Kultur aus, und Hitler schien sich dessen bewußt zu sein: Er nannte die Nationalsozialisten »Geistesfeinde«[96] und verkündete: »Wir stehen am Ende des Zeitalters der Vernunft. Der selbstherrlich gewordene Geist ist eine Krankheit des Lebens geworden.«[97] »Wir können untergehen, vielleicht. Aber wir werden eine Welt mitnehmen. Muspilli, Weltenbrand.«[98]

Diese Zitate sind zwar von Rauschning überliefert, könnten aber dennoch authentisch sein, finden sie doch ihre Entsprechung in dem in »Mein Kampf« beschworenen kosmischen Kampf, der »Jahrmillionen« ebenso einbezieht wie die ganze »Schöpfung« und den »Erdball.«[99] Und auf dem Reichsparteitag 1933 sagte Hitler:

> *»Es wird eine der Aufgaben der Zukunft sein, zwischen Gefühl und Verstand wieder eine Einheit herzustellen, das heißt jenes unverdorbene Geschlecht zu erziehen, das mit klarem Verstande die ewige Gesetzlichkeit der Entwicklung erkennt und damit bewußt wieder zurückfindet zum primitiven Instinkt.«*[100]

Die Einheit von Gefühl und Verstand: Hitler weist – rhetorisch sehr geschickt – auf einen Grundkonflikt des Menschen hin. Gleichzeitig verrät er, daß die Versöhnung von Gefühl und Verstand eigentlich gar nicht das Ziel ist – sondern vielmehr die Überwindung von beidem und die Rückkehr zum »Instinkt«.

Dennoch – oder gerade deshalb – waren von solchen und ähnlichen Aussprüchen auch viele Intellektuelle begeistert, zum Beispiel Martin Heidegger oder C.G. Jung, dessen Schriften übrigens einen entscheidenden Einfluß auch auf die moderne New-Age-Bewegung ausüben. Jung, der seine anfängliche Begeisterung für den Nationalsozialismus im Gegensatz zu Heidegger später widerrufen hat, schrieb ein Jahr nach Hitlers Rede ebenfalls über die Problematik von Geist, Seele und Intellekt:

> *»Der Geist wohl darf sich die patris potestas über die Seele anmaßen, nicht aber der erdgeborene Intellekt, der ein Schwert oder Hammer des Menschen ist und nicht ein Schöpfer geistiger Welten, ein Vater der Seele.«*[101]

Damit soll jetzt weder Jung – wie das ein bißchen in Mode gekommen ist – für immer ins rechte Eck gestellt, noch Hitler als verkappter Psychoanalytiker enttarnt werden. Es geht um die Darstellung des Grundkonfliktes einer Gesellschaft, die sich – vor und nach dem Nationalsozialismus – selbst als Wert gesetzt hat, vernünftig, moralisch und zivilisiert zu sein. Vielleicht liegt es an der strengen Zielsetzung, daß genau das nicht gelingen will. Die Vernunft, die Moral und die Zivilisation werden immer wieder weggeschwappt, als hätten sie nie existiert – ein dramatisches Zeichen dafür, »daß unsere okzidentale Verstandeseinstellung nicht die einzig mögliche oder die allumfassende ist«[102] (Jung). Der Krieg zwischen Verstand und Gefühl, zwischen Zivilisation und Wildheit, zwischen Kultur und Unkultur findet in den Menschen selbst statt.

Man kann Jung vorwerfen, sich nicht nur dem Nazi-Duktus angepaßt zu haben, sondern auch als einer, der es hätte wissen müssen, den Nationalsozialismus begrüßt zu haben: Er hatte Hitler 1939 (!) als »spirituellen Kelch«, als »Medizinmann, Seher und Propheten«[103] bezeichnet. Er galt ihm als eine Art Inkarnation des germanischen Gottes Wotan (Odin), der nach der Christianisierung der Germanen zum »Teufel« umgedeutet wurde. Nun sei der deutsche Archetypus Wotan, der Gott der Raserei, nach tausend Jahren wie-

der zum Leben erwacht[104] – und wolle sich sozusagen für die erlittene Schmach rächen.
Jung hat den Zusammenhang zwischen Irrationalismus und Nationalsozialismus zwar nicht immer kritisiert, dafür aber gut beschrieben. Die Raserei des verdrängten, zurückgekehrten Wotan so kritiklos zu begrüßen, wirft natürlich ein schiefes Licht auf den Freud-Schüler Jung. Als tiefenpsychologisches Symbol für das, was da passiert war, ist dieses Bild aber trotz aller Bedenklichkeit bedenkenswert. Für die Erforschung der gemeinsamen Hintergründe von NS-Weltanschauung und Okkultismus erweist sich auch Jungs Archetypenlehre als wichtig. Demnach gibt es »Urbilder«, die im menschlichen kollektiven Unbewußten gespeichert sind. Das Dritte Reich stützte sich auf diese Archetypen, die in der Geschichte im Untergrund des Okkultismus weitergelebt hatten – und beim Menschen im Untergrund der Seele: Etwa auf den Archetypus eines Gott-Königs, eines politischen und spirituellen Führers; oder auf den Archetypus des Kriegers und Helden. Der Pomp, die Sprache und die Symbole der »braunen Magier« riefen die Erinnerungen an die modern aufbereiteten Urbilder wieder in das Bewußtsein zurück.
Das blieb natürlich nicht ohne Auswirkung auf den einzelnen Menschen.
Angesichts einer ohnehin beängstigenden modernen Welt fanden viele Leute Gefallen an der Idee eines »Lebens mit der Gefahr«.[105] Gefordert war die Kraft des Kollektivs, die nur durch eine Überwindung des Ich entstehen konnte.
Ich-Überwindung: Das ist das alte Thema des Okkultismus vom Dualismus der Gnostiker über die Transmutation der Alchimisten und die symbolischen Tode der Freimaurer bis hin zur Theosophie, der Menschwerdung durch Ent-Menschung bei Aleister Crowley und der etwa vom Bhagwan in

Poona, der sich manchmal als Hitler-Bewunderer gab, geforderten Ich-Auflösung.
Die (meist egomanisch) betriebenen Versuche der Ego-Überwindung könnten auch einem der Grundbedürfnisse des Menschen entspringen – vielleicht hat dieses mit dem freudschen Begriff des Todestriebs zu tun. Wie wäre es sonst zu erklären, daß heute parallel zur sozialen Sicherheit die Beliebtheit von sogenannten Extremsportarten zunimmt? Pensions- und lebensversichert, mit der Rücklage eines regelmäßig gespeisten Bankkontos, machen sich immer mehr Menschen (angeschnallt und mit Airbag) auf den Weg, um unbezwingbare Berge zu erklimmen, sich von jenen mit Hängeschirmen hinunterzustürzen, mit kleinen Booten reißende Flüsse zu befahren oder an einem dünnen Gummiseil hängend von Brücken zu springen.
In allen okkulten Traditionen steht die Überwindung des Ich aber auch in Zusammenhang mit dem Versuch, dieses Ich zu vergöttlichen: Der Mensch soll über sich selbst hinauswachsen, um zu Gott zu werden.
Nachdem im industriellen Zeitalter, um salopp mit Nietzsche zu reden, Gott gestorben war, machte der neuerliche Versuch einer »Wiedervergöttlichung« des Menschen Sinn.
Diese trat jedoch nur in einer einzigen Form in Erscheinung: Als ein Schritt weg vom Menschen. Das esoterische Brimborium der Nazi-Diktatur diente jenseits der ideologischen Funktion noch einem ganz anderen Zweck: Der Entmenschlichung des Menschen, jener Entmenschlichung gleichend, die etwa der militärische Drill oder gewisse religiöse Übungen bezwecken. Der Mensch tritt darin durch verschiedene Rituale in eine andere Wirklichkeit ein, die zu seiner wird. In der Logik und in den Zwängen dieser neuen Wirklichkeit handelt er dann – und zwar oft gegen Zwänge oder Hemmnisse seiner ehemaligen Wirklichkeit.[106] Zahlreiche Zeitzeu-

gen gaben an, gleichsam angesteckt, verrückt, verzaubert gewesen zu sein. Das muß nicht unbedingt eine billige Rechtfertigung sein. Die Eigendynamik der Masse hatte auf den einzelnen zu wirken begonnen.
Der »entfesselte«, wildgewordene Mensch sollte schließlich im Sinne des Regimes die Feinde vernichten, die Welt erobern und sie dadurch »erlösen«. Plötzlich zeigte sich eine der Bruchstellen der modernen Aufgeklärtheit: Der Mensch stand, und nicht nur als Einzelfall, wieder als das da, was er glaubte, nicht mehr zu sein: Als Bestie.

## Wiederholt sich die Geschichte?

Als das Dritte Reich und mit ihm die halbe Welt in Schutt und Asche lagen, begann die moderne Aufgeklärtheit wieder, das Leben zu bestimmen. Die Menschen, auch Deutsche, Japaner und Österreicher, wurden wieder gut. Die Wissenschaft, wie immer durch Kriege um einen ganzen Schritt weitergekommen, arbeitete fleißig, um sich nach göttlichem Gebot »die Welt Untertan zu machen«. Die Kirche begrub die gefallenen Helden, bedauerte zögernd die Opfer und warnte vor dem Kommunismus. Alles war wie immer. Die Vernunft hatte triumphiert, und sie kostete es aus.
Im Taumel des Wiederaufbaus überhörte man die Warnung von Horkheimer und Adorno,

> *»daß die Ursache des Rückfalls von Aufklärung in Mythologie nicht so sehr bei den eigens zum Zweck des Rückfalls ersonnenen nationalsozialistischen, heidnischen und sonstigen modernen Mythologien zu suchen ist, sondern bei der in der Furcht vor der Wahrheit erstarrenden Aufklärung selbst.«*[107]

Jeglicher Irrationalismus verschwand in noch tiefere Schichten des Untergrundes. Alles, was mit Okkultismus, heidnischer Tradition, Mythos oder magischer Weltsicht zu tun hatte, wurde verboten oder als Nazi-Kult zum Tabu.[108]

Die Gegenbewegung erfolgte in den sechziger Jahren. Wiederaufbau und Wirtschaftswunder waren vollendet. Die Jugend fühlte sich im Wohlstand der Industriegesellschaft unwohl. Okkulte, esoterische, magische, tiefenpsychologische Ansätze waren plötzlich wieder gefragt. Kelten, Indianer, Weisheitsreligionen und alternative Lebensweisen hielten ihren von Studentenunruhen begleiteten Einzug in eine bunte und manchmal auch naiveGegenkultur. Der fruchtbare, unkonventionelle Aspekt der aus okkulten Quellen genährten Strömungen darf jedenfalls auch nicht übersehen werden – die Frage ist nur, von wem die entsprechenden Potentiale dann genutzt werden.

Denn in der New-Age-Bewegung seit den achtziger Jahren hat dieses ursprünglich kritische Denken sich wieder zu einer starren Weltanschauung gewandelt, die nebenbei gut zu verkaufen war. Was 1968 Ansatz war, wurde zum Absatz.

Das »System« wird heute nicht mehr in Frage gestellt, sondern durch ein esoterisches ersetzt. Okkultismus, Esoterik und Neuheidentum gehören in Form von teuren Seminaren zum Wochenend-Konsumgut meist gutbürgerlicher Kreise. Spirituelle Inhalte stehen im Dienst von Politik, Wirtschaft und Hochtechnologie.[109]

Wieder ist es die »Herrschaft«, die sich des okkulten Potentials bemächtigt hat – diesmal durch ökonomische Vereinnahmung.

Doch der Bruch im Weltbild der Aufklärung und der Moderne, dieser Bruch, der sich während der Nazi-Diktatur so deutlich gezeigt hatte, ist keineswegs überwunden, sondern bestenfalls notdürftig verkittet. Einzig die gute Konjunktur verhindert, daß er wieder aufklafft.

Denn wie in den zwanziger und dreißiger Jahren leben wir auch heute in einem Europa, das sich im Umbruch befindet; auch heute laboriert die Kirche an einer schweren Krise, was man nicht nur an der inneren Gespaltenheit, sondern auch an den Austrittsstatistiken merkt; auch heute gewinnen politische Randgruppen immer mehr an Einfluß; auch heute sind Populisten, die Stimmungen ausnutzen, wieder unterwegs.
Selbst die okkulten Ideen und Vereinigungen aus den ersten Jahrzehnten unseres Jahrhunderts leben heute wieder auf: Die theosophischen Gesellschaften etwa haben vor allem in Deutschland regen Zulauf. Die Gründerin der Bewegung, Helena Blavatsky, wird in New-Age-Kreisen als »Stammutter eines Äons«[110] verehrt, wobei ihre rassistischen und autoritären Ideen entweder gar nicht erwähnt, oder mit dem Hinweis auf »positives Denken« umgedeutet werden.
Der Ordo Templi Orientis (O.T.O.) des Aleister Crowley, der vor allem in den USA aktiv war, begann 1982 auch in Deutschland wieder tätig zu werden.[111]
Auch ariosophische Gruppen, die in Zeitschriften und bei Zusammenkünften alte Inhalte in neuem Gewand verbreiten, treten wieder relativ unbeirrt auf. Sie nennen sich »Goden«, »Gylfiliten« – oder, in unumwundener Anlehnung an Guido von List, »Armanenschaft«.
Eine einflußreiche Thule-Gesellschaft gibt es heute nicht, wohl aber das bereits erwähnte Thule-Seminar, das zur »Bewußtwerdung der volklichen Identität« anregen will.[112]
Auch die »alten germanischen Volksheiligtümer« stehen plötzlich wieder im Mittelpunkt des esoterischen Interesses, etwa die Externsteine. Daß es bei der Anbetung der Felsbrocken nicht in erster Linie um verinnerlichte Religion gehen dürfte, beweisen die Handgreiflichkeiten zwischen Heiden-, Hexen- und Faschistengruppen, zu denen es bei Sonnwendfeiern immer wieder kommt.[113]

Auch der Atlantis- und der Grals-Mythos leben in der New-Age-Bewegung wieder auf, wobei sich die »völkischen« Interpretationen dieser Mythen zum »Beweis« der Überlegenheit der »nordischen Rasse« häufen.

Das Neuheidentum verfügt weltweit bereits über mehrere Millionen Anhänger, wobei es verstärkt als »indogermanische Religiosität« auftritt und von rechten Gruppen zur »internationalen Vernetzung« und »weltweiten Missionierung« genutzt wird.[114]

Ganz allgemein ist der Trend zur Esoterik kaum zu übersehen: Die Medien berichten immer häufiger über Hexen, Zauberer, Mondphasen, Pendeln oder andere magische Bereiche. Unter den Jugendlichen wird der Hang zu okkulten Praktiken – bis hin zum Satanismus – allmählich zur Massenbewegung.[115]

Kein Wunder: Der moderne, verdinglichte Mensch sieht in einem durchrationalisierten Alltag seine Bedürfnisse nach Gefühl, nach Freiheit, nach Verrücktheit, nach Träumen, nach Engeln, Dämonen und Göttern enttäuscht, verkauft, belächelt, verboten. Die Herrschaft von Rationalität und Logik im Leben der (wirtschaftlich) »entwickelten« Menschheit läßt eine starke Sehnsucht nach anderen Werten entstehen. Es ist symptomatisch, daß die New-Age-Bewegung sich vor allem in der westlichen, industrialisierten Welt verbreitet. Doch auch okkulte und esoterische Strömungen enttäuschen diese Sehnsucht nach anderen Lebenserfahrungen meist, indem sie sich der jeweils herrschenden Ideologie verschreiben:

> *»Wer aber das, was er jenseits der engeren Rationalität ›begriffen‹ hat, ausgerechnet mit dem Geltungsanspruch seriösester Erkenntnisse vorträgt, korrumpiert beides, das Irrationale und das Rationale.«*[116] (Peter Sloterdijk)

Die Lage scheint also ziemlich ausweglos. Denn einerseits beherrschen bornierte Technokraten unser Dasein. Andererseits haben ebenso bornierte Mythologisierer diesen Technokraten nichts anderes entgegenzuhalten, als eine humorlose Gegen-Weltanschauung, die sie auch noch politisch einsetzen. Auch wenn der Okkultismus in seinen verschiedenen Formen vielleicht menschliche Bedürfnisse erfüllt – seine Vermengung mit der Politik, das hat die Geschichte gezeigt, ergibt eine brisante Mischung.

Diese brisante Mischung könnte von neuen Führergestalten wieder frisch aufbereitet werden. Vorläufig ist die Wirtschaft noch stabil genug, sich die meisten Formen der Kritik nicht nur einzuverleiben, sondern sie auch zu vermarkten. Doch die Spaltung der Welt in Rationales und Irrationales[117] wurde seit dem Nationalsozialismus nicht nur nicht überwunden, sondern sogar vertieft.

Nichts spricht gegen eine neuerliche Explosion des verdrängten Irrationalismus. Denn die »lebenswichtigen Geister des Unbewußten« sind nach wie vor »aus dem Haus der Moderne verbannt« – sie können in Krisenzeiten zurückkehren, und zwar »durch die Hintertür, unerkennbar entstellt, mit pathologischer Zerstörungswut.«[118] (Walter Oswalt)

Diese pathologische Zerstörungswut ist für politische Führer aller Art, die sie schüren und lenken, natürlich brauchbar. Die unterdrückten »lebenswichtigen Geister« werden gerufen und, wie das Beispiel des Dritten Reichs zeigt, für politische Zwecke eingesetzt – also letztendlich wieder unterdrückt.

Das kann jederzeit wieder passieren. Verdrängte, untergründige Strömungen europäischer Geistesgeschichte, die eruptiv immer wieder auftreten, werden das so lange tun, bis sie gesellschaftlich wahr- und angenommen werden.

Die Geschichte wiederholt sich nicht, doch sie kehrt vielleicht in anderen Formen wieder.

# ANHANG

## Anmerkungen

### Erster Teil: Mächte, die begraben schienen

1 Hitler, Aufzeichnungen, S. 1265.
2 Pauwels/Bergier, Aufbruch ins dritte Jahrtausend, 1962.
3 Leaman, Heidegger im Kontext, S. 13.
4 vgl. Gugenberger/Schweidlenka, Mutter Erde, S. 69.
5 Horkheimer/Adorno, Dialektik der Aufklärung, S. 246.
6 Blavatsky, Die Stimme, S. 47.
7 Carmin, Guru Hitler, S. 28.
8 Blavatsky, Geheimlehre, S. 17.
9 Safranski, Ein Meister aus Deutschland, S. 116.
10 Rosenberg, Blut und Ehre, S. 235 ff.
11 Rosenberg, Letzte Aufzeichnungen, S. 96.
12 Tucholsky, Gesammelte Werke, Bd. 3, S. 348.
13 esotera 12/91, S. 53.
14 Kater, Das Ahnenerbe, S. 79 f.
15 Gugenberger/Schweidlenka, Mutter Erde, S. 104.
16 Bronder, Bevor Hitler kam, S. 248.
17 vgl. Rosenberg, Eckart. Ein Vermächtnis.
18 vgl. Fest, Hitler, S. 196.
19 Blavatsky, Die Stimme, S. 15.
20 ebenda, S. 19.
21 ebenda, S. 47.
22 ebenda, S. 28.
23 ebenda, S. 31.
24 Regardie, Golden Dawn, Bd. 1, S. 46.
25 vgl. Eisenhauer, Scharlatane, S. 231.
26 vgl. Rauschning, Gespräche.
27 Eisenhauer, Scharlatane, S. 236.
28 ebenda, S. 252.

29 esotera 12/91, S. 47.
30 Carmin, Guru Hitler, S. 32.
31 dtv Lexikon, Bd. 2, S. 225.
32 vgl. Steiner, Die Mission, sowie Gugenberger/Schweidlenka, Mutter Erde, S. 141 f.
33 Steiner, Die soziale Grundforderung, S. 67.
34 Orzechowski, Schwarze Magie – Braune Macht, S. 39.
35 Sebottendorff, Bevor Hitler kam, S. 222.
36 Maser, Hitler, S. 323 ff.
37 vgl. Gugenberger/Schweidlenka, Mutter Erde, S. 136.
38 Carmin, Guru Hitler, S. 218. Vgl. dazu auch Angebert, Hitler et la tradition cathare, S. 196 f.
39 vgl. Gumbel, Verschwörer, sowie Schlund, Neugermanisches Heidentum.
40 Ach/Pentrop, Hitlers Religion, S. 10.
41 Gumbel, Verschwörer, S. 100.
42 ebenda, S. 225.
43 Schlund, Neugermanisches Heidentum, S. 8 f.
44 Heimdall Nr. 2/1901, S. 45 f.
45 Schlund, Neugermanisches Heidentum, S. 25.
46 Nietzsche, Der Antichrist, S. 34.
47 Rosenberg, Gestaltung der Idee, S. 359.
48 Bayrischer Kurier, Nr. 142, 23.5.1923.
49 Schlund, Neugermanisches Heidentum, S. 63 (Anm.).
50 vgl. Daim, Der Mann, der Hitler die Ideen gab, 3. Auflage 1994.
51 Werbeschrift, die sich in den meisten Ostara-Heften findet.
52 Zusammengefaßt in Lanz von Liebenfels, Bibeldokumente, neu herausgegeben – »ausschließlich für wissenschaftliche Zwecke« – vom Verlag Michael Damböck, Ardagger 1991.
53 Lanz, Anthropozoon Biblicum, S. 399.
54 Lanz, Theozoologie, S. 147.
55 Blavatsky, Geheimlehre, S. 203.
56 Lanz, Anthropozoon Biblicum, S. 411.
57 ebenda, S. 410 ff.
58 Ach/Pentrop, Hitlers Religion, S. 11.
59 Fest, Hitler, S. 60.
60 vgl. Daim, Der Mann, S. 30.
61 Bronder, Bevor Hitler kam, S. 238.
62 Daim, Der Mann, S. 111.
63 ebenda, S. 20 und S. 27.
64 Orzechowski, Schwarze Magie – Braune Macht, S. 82.

65 Daim, Der Mann, S. 196-234.
66 ebenda, S. 234.
67 vgl. Neményi, Heidnische Naturreligion.
68 Bronder, Bevor Hitler kam, S. 235.
69 Daim, Der Mann, S. 80 f.
70 vgl. Ach/Pentrop, Hitlers Religion, S. 13 f.
71 »Der Brenner« Nr. 18,19,20/1913, zitiert nach Kraus, Die Fackel, Nr. 890-905, S. 102 f.
72 Kraus, Die Fackel, Nr. 386/1913, S. 6.
73 Ach/Pentrop, Hitlers Religion, S. 12.
74 ebenda, S. 12.
75 Daim, Der Mann, S. 22; Mund, Jörg Lanz von Liebenfels, S. 13 f.
76 Ach/Pentrop, Hitlers Religion, S. 15.
77 ebenda, S. 15 f.
78 vgl. Literaturverzeichnis.
79 vgl. Bronder, Bevor Hitler kam, S. 233 f. und Orzechowski, Schwarze Magie – Braune Macht, S. 72 f.
80 Bronder, Bevor Hitler kam, S. 233.
81 Orzechowski, Schwarze Magie – Braune Macht, S. 73.
82 Goodrick-Clarke, Occult Roots, zit. nach Orzechowski, S. 73.
83 Orzechowski, Schwarze Magie – Braune Macht, S. 75.
84 ebenda, S. 76.
85 ebenda, S. 77 f.
86 ebenda, S. 76.
87 Hitler, Mein Kampf, S. 238.
88 ebenda, S. 244.
89 vgl. Fest, Hitler, S. 168 f.
90 Sebottendorff, Bevor Hitler kam, S. 31 f.
91 Maser, Hitler, S. 171 (Anm.).
92 Sebottendorff, Bevor Hitler kam, S. 166.
93 ebenda, S. 2.
94 ebenda, S. 221 ff.
95 Carmin, Guru Hitler, S. 123.
96 zit. nach Helferich, Geschichte der Philosophie, S. 347.
97 Nietzsche, Werke, Bd. 1, S. 1145.
98 Nietzsche, Zur Genealogie der Moral, S. 407.
99 Wilson, Die neue Inquisition, S. 294.
100 Nietzsche, Der Antichrist, S. 11.
101 Sebottendorff, Die Praxis, S. 10.
102 ebenda, S. 25.
103 ebenda, S. 39.

104 ebenda, S. 10.
105 Braun, Hinter den Kulissen, S. 65 ff.
106 Sebottendorff, Die Praxis, S. 25.
107 Sebottendorff, Bevor Hitler kam, S. 261.
108 Hanfstaengl, Zwischen Weißem und Braunem Haus, S. 211.
109 Picker, Hitlers Tischgespräche, S. 374 f.
110 Rosenberg, Der Mythus des 20. Jahrhunderts, 4. Auflage, München 1932. Ersterscheinung 1930.
111 Picker, Hitlers Tischgespräche, S. 269 f.
112 Rosenberg, Blut und Ehre, S. 8.
113 Rosenberg, Gestaltung der Idee, S. 224.
114 ebenda, S. 224.
115 Rosenberg, Mythus, S. 283.
116 Rosenberg, Gestaltung der Idee, S. 141.
117 Nietzsche, Der Antichrist, S. 39.
118 Orzechowski, Schwarze Magie – Braune Macht, S. 54.
119 Rosenberg, Mythus, S. 44.
120 Platon, Timaios 24e-25e, Kritias 113a-121c.
121 Orzechowski, Schwarze Magie – Braune Macht, S. 54.
122 Platon, Kritias, 119c-120d.
123 Rosenberg, Letzte Aufzeichnungen, S. 277 f.
124 Rosenberg, Mythus, S. 44 ff.
125 Rosenberg, Letzte Aufzeichnungen, S. 35 ff.
126 Carmin, Guru Hitler, S. 42.
127 Rosenberg, Mythus, S. 22.
128 ebenda, S. 37.
129 ebenda, S. 129.
130 ebenda, S. 155.
131 ebenda, S. 230.
132 ebenda, S. 264.
133 Meister Eckehart, Deutsche Predigten und Traktate, S. 103.
134 Rosenberg, Mythus, S. 264.
135 ebenda, S. 264.
136 Horkheimer/Adorno, Dialektik der Aufklärung, S. 61.
137 Rosenberg, Mythus, S. 685.
138 ebenda, S. 197 f.
139 Rosenberg, Letzte Aufzeichnungen, S. 83.
140 Orzechowski, Schwarze Magie – Braune Macht, S. 55. Vgl. dazu auch Rosenberg, Mythus S. 104 ff. und Letzte Aufzeichnungen, S. 241 ff.
141 Angebert, Hitler et la tradition cathare, S. 30 ff.
142 Webb, Occult Establishment.

143 Orzechowski, Schwarze Magie – Braune Macht, S. 57 f.
144 Doucet, Im Banne des Mythos, S. 88.
145 Rosenberg, Mythus, S. 224 f.
146 vgl. Pauwels/Bergier, Aufbruch; Mariel, L'Europe paienne; Alleau, Hitler et les sociétés secrètes; Ravenscroft, Der Speer des Schicksals; Brennan, Occult Reich; Suster, Hitler an the Age of Horus.
147 Lindenberg, Die Technik des Bösen, S. 9.
148 Pauwels/Bergier, Aufbruch, S. 304.
149 Orzechowski, Schwarze Magie – Braune Macht, S. 130.
150 Schwarzwäller, Heß, S. 89 f.
151 Bronder, Bevor Hitler kam, S. 197 f.
152 Fest, Hitler, S. 309.
153 ebenda, S. 309.
154 Haffner, Anmerkungen, S. 115.
155 zit. nach Lindenberg, Die Technik des Bösen, S. 10 f.
156 Toland, Hitler, S. 301 f.
157 ebenda, S. 835.
158 Zweig, Die Welt von Gestern, S. 217 ff.
159 Hanfstaengl, Zwischen Weißem und Braunem Haus, S. 212.
160 Schellenberg, Memoiren, S. 160.
161 Schwarzwäller, Heß, S. 135.
162 ebenda, S. 245 ff.
163 Picker, Hitlers Tischgespräche, S. 298 f.
164 vgl. Fauth, Der Mond und Hörbigers Welteislehre.
165 Carmin, Guru Hitler, S. 169.
166 Brugg, Spießbürger gegen Genie, zit. nach Carmin, Guru Hitler, S. 167.
167 Horkheimer/Adorno, Dialektik der Aufklärung, S. 11.
168 zit. nach Kater, Das Ahnenerbe, S. 48.
169 Feyerabend, Erkenntnis für freie Menschen, S. 28.
170 ebenda, S. 186 ff.
171 Rauschning, Gespräche, S. 231.
172 Fest, Hitler, S. 297.
173 ebenda, S. 297.

## Zweiter Teil: Die »braunen Magier«

1 Mauss, Soziologie und Anthropologie, S. 165.
2 vgl. Jung, Bewußtes und Unbewußtes, S. 44 f. und 104 f.

3 Hitler, Aufzeichnungen, S. 937.
4 Gugenberger/Schweidlenka, Die Fäden der Nornen, S. 19.
5 Rosenberg, Gestaltung der Idee, S. 86.
6 ebenda, S. 87.
7 Freud, Massenpsychologie, S. 72.
8 Rosenberg, Blut und Ehre, S. 127.
9 Horkheimer/Adorno, Dialektik der Aufklärung, S. 194.
10 Dvorak, Satanismus, S. 315.
11 Malinowski, Magie, S. 58.
12 Sebottendorff, Bevor Hitler kam, S. 166.
13 Pauwels/Bergier, Aufbruch, S. 373.
14 Doucet, Im Banne des Mythos, S. 90.
15 Schwarzwäller, Heß, S. 72.
16 beide Zitate in Hitler, Aufzeichnungen, S. 1265.
17 ebenda, S. 1266.
18 Maser, Hitler, S. 58.
19 Malinowski, Magie, S. 59.
20 Rosenberg, Mythus, S. 673.
21 Doucet, Im Banne des Mythos, S. 92.
22 ebenda, S. 92 f.
23 ebenda, S. 96.
24 vgl. das entsprechende Foto in Höhne, Der Orden, S. 368.
25 Szabó, Buch der Runen, S. 149 ff.
26 ebenda, S. 152.
27 Rosenberg, Gestaltung der Idee, S. 115.
28 ebenda, S. 249.
29 vgl. Serrano, Das Goldene Band, oder Angebert, Hitler et la tradition cathare.
30 vgl. Bernadac, Le Mystère de Otto Rahn.
31 Rahn, Luzifers Hofgesind, S. 283 f. (Nachwort).
32 Angebert, Hitler et la tradition cathare, S. 315 f. Übersetzung R.F.
33 Schellenberg, Memoiren, S. 39.
34 ebenda, S. 160.
35 Höhne, Der Orden, S. 517.
36 Schellenberg, Memoiren, S. 276.
37 ebenda, S. 296.
38 Höhne, Der Orden, S. 518.
39 ebenda, S. 519.
40 Schellenberg, Memoiren, S. 301.
41 Höhne, Der Orden, S. 7.
42 ebenda, S. 38.

43 ebenda, S. 38.
44 Schellenberg, Memoiren, S. 39.
45 Maser, Hitler, S. 385.
46 Fest, Hitler, S. 931.
47 Höhne, Der Orden, S. 336.
48 ebenda, S. 351.
49 Reitlinger, Die SS, S. 64.
50 vgl. Mellor, Logen, Rituale, Hochgrade, sowie Schuster, Die geheimen Gesellschaften.
51 Malinowski, Magie, S. 24.
52 zit. nach Höhne, Der Orden, S. 138.
53 Doucet, Im Banne des Mythos, S. 107.
54 Höhne, Der Orden, S. 139.
55 Mauss, Soziologie und Anthropologie, S. 79 f.
56 zit. nach Höhne, Der Orden, S. 139.
57 Höhne, Der Orden, S. 140 f.
58 ebenda, S. 141.
59 ebenda, S. 142.
60 Schellenberg, Memoiren, S. 39 f.
61 Kater nach Erdmann, Das Grab Heinrich I., Deutsches Archiv für Erforschung des Mittelalters, 4. Jahrgang, 1941, S. 76-97.
62 Höhne nach Helfferich, Ein Leben, Bd. 4, S. 31.
63 Ackermann, Heinrich Himmler, S. 60; Höhne, Der Orden, S. 145; Kater, Das Ahnenerbe, S. 94.
64 Rosenberg, Letzte Aufzeichnungen, S. 157 und 197 ff.
65 Rosenberg, Der Deutsche Ordensstaat, S. 11.
66 Rosenberg, Letzte Aufzeichnungen, S. 203.
67 Rosenberg, Mythus, S. 187 ff.
68 Rosenberg, Letzte Aufzeichnungen, S. 199.
69 Rosenberg, Mythus, S. 190.
70 Freud, Massenpsychologie, S. 72.
71 Buchheim, Anatomie des SS-Staates, Bd. 1, S. 288.
72 Höhne, Der Orden, S. 137.
73 Haffner, Anmerkungen, S. 173.
74 Höhne, Der Orden, S. 48.
75 Darré, zit. nach Höhne, Der Orden, S. 49.
76 Höhne, Der Orden, S. 148.
77 Kater, Das Ahnenerbe, S. 19.
78 ebenda, S. 20. Vgl. dazu auch Mund, Die Wiligut-Saga.
79 vgl. Wirth, Um den Ursinn des Menschseins.
80 Wirth nach Gugenberger/Schweidlenka, Mutter Erde, S. 120.

81 Gugenberger/Schweidlenka, Mutter Erde, S. 122.
82 Himmler nach Kater, Das Ahnenerbe, S. 54.
83 vgl. Kater, Das Ahnenerbe, S. 54 ff.
84 ebenda, S. 207.
85 Schweidlenka, Wodans neue Erben, in: esotera 12/91, S. 23.
86 Kater, Das Ahnenerbe, S. 52.
87 ebenda, S. 51.
88 ebenda, S. 80.
89 ebenda, S. 214.
90 ebenda, S. 214.
91 ebenda, S. 87.
92 ebenda, S. 222.
93 ebenda, S. 87 f.

## Dritter Teil: Wiederholt sich die Geschichte?

1 W. Oswalt in: Die Rückkehr der Führer, S. 28.
2 Scharsach, Haiders Kampf, S. 42 f.
3 Serrano, Das Goldene Band, S. 37.
4 ebenda, S. 21.
5 ebenda, S. 331 f.
6 ebenda, S. 3.
7 Haffner, Anmerkungen, S. 46.
8 ebenda, S. 47.
9 Rauschning, Gespräche, S. 274.
10 vgl. Maser, Hitler, S. 442.
11 vgl. Ach/Pentrop, Hitlers Religion, S. 11.
12 Müllern-Schönhausen, Die Lösung, S. 5.
13 ebenda, S. 62 f.
14 ebenda, S. 62.
15 ebenda, S. 155.
16 Fest, Hitler, S. 448 ff.
17 Toland, Hitler, S. 361 f.
18 vgl. etwa Dietrich, 12 Jahre mit Hitler, S. 162 oder Picker, Hitlers Tischgespräche, S. 186 und S. 363.
19 Serrano, Das Goldene Band, S. 55.
20 ebenda, S. 301.
21 ebenda, S. 52 ff.
22 Gugenberger/Schweidlenka, Mutter Erde, S. 157.

23 ebenda, S. 156 ff.
24 ebenda, S. 159 und 162.
25 Kontaktberichte Nr. 2/85, S. 13 f., zitiert nach Gugenberger/Schweidlenka, Mutter Erde, S. 159.
26 »Billy«, Prophetien, zitiert nach Gugenberger/Schweidlenka, Mutter Erde, S. 161.
27 Hans-Dieter Leuenberger in: esotera 4/1991, S. 37.
28 Capra, Das neue Denken, S. 337.
29 ebenda, S. 338
30 vgl. Dethlefsen/Dahlke, Krankheit als Weg, und Dethlefsen, Schicksal als Chance.
31 Dethlefsen, Schicksal als Chance (Untertitel).
32 Gugenberger/Schweidlenka, Mutter Erde, S. 143.
33 ebenda, S. 153.
34 ebenda, S. 299.
35 Jaspers, Vernunft und Widervernunft, S. 56.
36 zit. nach Gugenberger/Schweidlenka, Die Fäden, S. 179.
37 Alain Rollat in: Die Rückkehr der Führer, S. 119.
38 Gugenberger/Schweidlenka, Mutter Erde, S. 8.
39 Alain Rollat in: Die Rückkehr der Führer, S. 120.
40 vgl. Gugenberger/Schweidlenka, Mutter Erde, S. 8.
41 vgl. dazu Gugenberger/Schweidlenka, Mutter Erde, S. 129 ff.
42 Sheldrake u.a., Denken am Rande, S. 216.
43 ebenda, S. 216.
44 vgl. Gugenberger/Schweidlenka, Mutter Erde, S. 76.
45 Hitler, Mein Kampf, S. 231 f.
46 Fest, Hitler, S. 297.
47 Rosenberg, Letzte Aufzeichnungen, S. 235.
48 Fest, Hitler, S. 991.
49 ebenda, S. 1000.
50 Schellenberg, Memoiren, S. 105.
51 Fest, Hitler, S. 144.
52 Völkischer Beobachter, 23. Dez. 1925.
53 dtv Lexikon, Bd. 14, S. 297.
54 Rüggeberg, Geheimpolitik, S. 141.
55 ebenda, S. 206.
56 ebenda, S. 208.
57 ebenda, S. 211.
58 vgl. Freud, Das Unbehagen in der Kultur, in: Studienausgabe, Bd. 9, S. 193-270.
59 Deschner, Mit Gott und dem Führer, S. 270.

60 ebenda, S. 269.
61 ebenda, S. 257 f.
62 Picker, Hitlers Tischgespräche, S. 299.
63 ebenda, S. 374.
64 ebenda, S. 345.
65 ebenda, S. 348.
66 Rosenberg, Mythus, S. 169.
67 vgl. Golowin, Hexen, und Göttner-Abendroth, Die tanzende Göttin.
68 Rosenberg, Mythus, S. 228.
69 ebenda, S. 603.
70 Rosenberg, Gestaltung der Idee, S. 142.
71 Fest, Hitler, S. 134.
72 Schlund, Neugermanisches Heidentum, S. 15.
73 Colsmann in: Neues Leben Nr. 12/1919, S. 213 f., zit. nach Schlund, Neugermanisches Heidentum, S. 33.
74 Gugenberger/Schweidlenka, Die Fäden, S. 162.
75 vgl. Deschner, Mit Gott und dem Führer.
76 Rauschning, Gespräche, S. 55 f.
77 ebenda, S. 51.
78 Jung, Bewußtes und Unbewußtes, S. 13.
79 Gugenberger/Schweidlenka, Mutter Erde, S. 21 ff.
80 Schweidlenka, Wodans neue Erben, in: esotera 12/91, S. 22.
81 Neményi, Heidnische Naturreligion, S. 11 f.
82 Jaspers, Die geistige Situation, S. 5.
83 Horkheimer/Adorno, Dialektik der Aufklärung, S. 9.
84 Rosenberg, Gestaltung der Idee, S. 140.
85 Jaspers, Vernunft und Widervernunft, S. 56.
86 Gugenberger/Schweidlenka, Die Fäden, S. 44.
87 Völkischer Beobachter, 6. Ostermond 1920, zit. nach Fest, Hitler, S. 135.
88 Fest, Hitler, S. 147.
89 Walter Oswalt in: Die Rückkehr, S. 11.
90 Haffner, Anmerkungen, S. 129 f.
91 Ley, Genozid und Heilserwartung, S. 239.
92 Rosenberg, Mythus, S. 458.
93 Brumlik, Die Gnostiker, S. 367.
94 Horkheimer/Adorno, Dialektik der Aufklärung, S. 177.
95 vgl. Ley, Genozid und Heilserwartung.
96 Rauschning, Gespräche, S. 211.
97 ebenda, S. 210.
98 ebenda, S. 11.

99 Hitler, Mein Kampf, S. 68 ff.
100 zit. nach Doucet, Im Banne des Mythos, S. 89.
101 Jung, Bewußtes und Unbewußtes, S. 25.
102 Jung, Synchronizität, S. 65.
103 vgl. Gugenberger/Schweidlenka, Mutter Erde, S. 52.
104 vgl. dazu auch Dvorak, Satanismus, S. 398 f.
105 vgl. Fest, Hitler, S. 149.
106 vgl. Mauss, Soziologie und Anthropologie, S. 160.
107 Horkheimer/Adorno, Dialektik der Aufklärung, S. 3 f.
108 vgl. Gugenberger/Schweidlenka, Mutter Erde, S. 29.
109 vgl. Gugenberger/Schweidlenka, Mutter Erde, S. 29 f. und S. 153 ff.
110 esotera 12/91, S. 46.
111 Gugenberger/Schweidlenka, Mutter Erde, S. 87.
112 ebenda, S. 117
113 ebenda, S. 54 f.
114 vgl. Gugenberger/Schweidlenka, Die Fäden, S. 186 ff.
115 vgl. »Kurier«, 9.1.1995.
116 Sloterdijk, Kritik der zynischen Vernunft, Bd. 1, S. 178.
117 vgl. W. Oswalt, in: Die Rückkehr der Führer, S. 18.
118 ebenda, S. 18.

# Verwendete und weiterführende Literatur

*Ach, Manfred/Pentrop, Clemens:* Hitlers »Religion«. Pseudoreligiöse Elemente im nationalsozialistischen Sprachgebrauch, o.O. 1977.

*Ackermann, Josef:* Heinrich Himmler als Ideologe, Göttingen 1970.

*Alleau, René:* Hitler et les sociétés secrètes. Enquête sur les sources occultes du nazisme, Paris 1969.

*Angebert, Jean-Michel:* Hitler et la tradition cathare, Paris 1971.

*Bayrischer Kurier,* Nr. 142, 1923.

*Benoist, Alain de:* Heide sein zu einem neuen Anfang. Die europäische Glaubensalternative, Tübingen 1982.

*Bernadac, Christian:* Le Mystère de Otto Rahn, Paris 1978.

*Besgen, Achim:* Der stille Befehl. Medizinalrat Kersten, Himmler und das Dritte Reich, München 1960.

*Blavatsky, Helena Petrowna:* Die Geheimlehre. Das heilige Buch der theosophischen Bruderschaft, Berlin 1958.

*Blavatsky, Helena Petrowna:* Die Stimme der Stille, Graz 1976.

*Braun, Rudolf Otto:* Hinter den Kulissen des Dritten Reiches. Geheime Gesellschaften machen Weltpolitik, Markt Erlbach 1987.

*Brennan, John:* Occult Reich, New York 1974.

*Bronder, Dietrich:* Bevor Hitler kam. Eine historische Studie. Genf 1975.

*Brugg, Elmar:* Spießbürger gegen Genie, Zürich 1952.

*Brumlik, Micha:* Die Gnostiker. Der Traum von der Selbsterlösung des Menschen, Frankfurt am Main 1992.

*Buchheim, Hans et al.:* Anatomie des SS-Staates, 2 Bände, Olten und Freiburg im Breisgau 1965.

*Capra, Fritjof:* Das Neue Denken. Ein ganzheitliches Weltbild im Spannungsfeld zwischen Naturwissenschaft und Mystik. Begegnungen und Reflexionen, München 1992.

*Carmin, E.R. (Pseud.):* Guru Hitler. Die Geburt des Nationalsozialismus aus dem Geiste von Mystik und Magie, Zürich 1985.

*Chamberlain, Houston Stewart:* Die Grundlagen des 19. Jahrhunderts, München 1906.

*Cohn, Norman:* Die Protokolle der Weisen von Zion. Der Mythos von der jüdischen Weltverschwörung, Köln/Berlin 1969.

*Crowley, Aleister:* Das Buch der Gesetze, Basel 1981.

*Daim, Wilfried:* Der Mann, der Hitler die Ideen gab. Jörg Lanz von Liebenfels, Wien 1994.

*Deschner, Karlheinz:* Mit Gott und dem Führer. Die Politik der Päpste zur Zeit des Nationalsozialismus, Köln 1988.

*Deschner, Karlheinz:* Kriminalgeschichte des Christentums, Band I, Reinbek bei Hamburg 1989.

*Dethlefsen, Thorwald/Dahlke, Rüdiger:* Krankheit als Weg. Deutung und Bedeutung der Krankheitsbilder, München 1988.

*Dethlefsen, Thorwald:* Schicksal als Chance. Esoterische Psychologie – Das Urwissen zur Vollkommenheit des Menschen, München 1989.

*Dietrich, Otto:* 12 Jahre mit Hitler, München 1955.

*Doucet, Friedrich W.:* Im Banne des Mythos. Die Psychologie des Dritten Reiches, Esslingen am Neckar 1979.

*Dvorak, Josef:* Satanismus. Schwarze Rituale, Teufelswahn und Exorzismus. Geschichte und Gegenwart, München 1993.

*Eisenhauer, Gregor:* Scharlatane. Zehn Fallstudien, Frankfurt am Main 1994.

*esotera,* Hefte 4 und 12/1991.

*Evola, Julius:* Das Mysterium des Grals, München-Planegg 1955.

*Farías, Victor:* Heidegger und der Nationalsozialismus, Frankfurt am Main 1989.

*Fauth, Philipp:* Der Mond und Hörbigers Welteislehre, Leipzig 1925.

*Fest, Joachim C.:* Hitler. Eine Biographie, Frankfurt am Main/Berlin/Wien 1973.

*Feyerabend, Paul:* Erkenntnis für freie Menschen, Frankfurt am Main 1981.

*Freud, Sigmund:* Fragen der Gesellschaft. Ursprünge der Religion. Studienausgabe, Bd. IX, Frankfurt am Main 1982.

*Freund, René:* Der Einfluß des Okkultismus auf die Genese der nationalsozialistischen Weltanschauung. Diplomarbeit, Wien 1992.

*Freund, René:* Zum philosophischen Zusammenhang esoterischer und faschistischer Weltanschauungen. Diss., Wien 1994.

*Golowin, Sergius:* Hexen, Hippies, Rosenkreuzer. 500 Jahre magische Morgenlandfahrt, Hamburg 1977.

*Göttner-Abendroth, Heide:* Die tanzende Göttin. Prinzipien einer matriarchalen Ästhetik, München 1984.

*Goodrick-Clarke, Nicholas:* The Occult Roots of Nazism. The Ariosophists of Austria and Germany 1890-1935, Wellinborough, Northamptonshire 1985.

*Greiner, Josef:* Das Ende des Hitler-Mythos, Zürich/Leipzig/Wien 1947.

*Gugenberger, Eduard/Schweidlenka, Roman:* Mutter Erde, Magie und Politik. Zwischen Faschismus und neuer Gesellschaft, Wien 1987.

*Gugenberger, Eduard/Schweidlenka, Roman:* Die Fäden der Nornen. Zur Macht der Mythen in politischen Bewegungen, Wien 1993.

*Gumbel, Emil Julius:* Verschwörer. Zur Geschichte und Soziologie der deutschen nationalistischen Geheimbünde 1918-1924, Frankfurt am Main 1984.

*Haffner, Sebastian:* Anmerkungen zu Hitler, München 1978.

*Hanfstaengl, Ernst:* Zwischen Weißem und Braunem Haus. Memoiren eines politischen Außenseiters, München 1970.

*Heer, Friedrich:* Der Glaube des Adolf Hitler. Anatomie einer politischen Religiosität, München/Esslingen 1968.

*Heimdall,* Nr. 2/1901.

*Helferich, Christoph:* Geschichte der Philosophie, Stuttgart 1992.

*Helfferich, Emil:* Ein Leben, Band IV, Jever 1964.

*Hitler, Adolf:* Mein Kampf, München 1933 und 1939.

*Hitler, Adolf:* Sämtliche Aufzeichnungen. Hrsg. von Eberhard Jäckel, Stuttgart 1980.

*Höhne, Heinz:* Der Orden unter dem Totenkopf. Die Geschichte der SS, Augsburg 1992.

*Horkheimer, Max/Adorno, Theodor W.:* Dialektik der Aufklärung. Philosophische Fragmente. Frankfurt am Main, 1991.

*Jacobsen, Hans-Adolf:* Karl Haushofer. Leben und Werk. 2 Bände, Boppard 1979.

*Jäckel, Ernst:* Hitlers Weltanschauung, Tübingen 1969.

*Jaspers, Karl:* Die geistige Situation der Zeit, Berlin 1947.

*Jaspers, Karl:* Vernunft und Widervernunft in unserer Zeit. Drei Vorlesungen (1950), München 1990.

*Jung, C.G.:* Psychologie und Alchemie, Zürich 1948.

*Jung, C.G.:* Bewußtes und Unbewußtes. Beiträge zur Psychologie, Frankfurt am Main 1981.

*Jung, C.G.:* Synchronizität, Akausalität und Okkultismus, München 1991.

*Kant, Immanuel:* Träume eines Geistersehers, erläutert durch Träume der Metaphysik, Stuttgart 1987.

*Kater, Michael H.:* Das »Ahnenerbe« der SS 1935-1945. Ein Beitrag zur Kulturpolitik des Dritten Reiches, Stuttgart 1974.

*Kersten, Felix:* Totenkopf und Treue. Heinrich Himmler ohne Uniform, Hamburg 1952.

*Kirfel, Martina/Oswalt, Walter (Hrsg.):* Die Rückkehr der Führer. Modernisierter Rechtsradikalismus in Westeuropa, Wien/ Zürich 1991.

*Klages, Ludwig:* Der Geist als Widersacher der Seele, München/Bonn 1954.

*Kraus, Karl:* Die Fackel, Nr. 386/1913 und Nr. 890-905/1934.

*Leaman, George:* Heidegger im Kontext. Gesamtüberblick zum NS-Engagement der Universitätsphilosophen, Hamburg 1993.

*Le Bon, Gustave:* Psychologie der Massen, Leipzig 1912.

*Ley, Michael:* Genozid und Heilserwartung. Zum nationalsozialistischen Mord am europäischen Judentum, Wien 1993.

*Liebenfels, Lanz von:* Bibeldokumente. Der Entwicklungsweg der Menschheit, Ardagger 1991.

*Liebenfels, Lanz von:* Das Buch der Psalmen teutsch. Das Gebetbuch der Ariosophen, Rassenmystiker und Antisemiten, Pforzheim 1926.

*Lindenberg, Christoph:* Die Technik des Bösen. Zur Vorgeschichte und Geschichte des Nationalsozialismus, Stuttgart 1979.

*List, Guido von:* Deutsch-mythologische Landschaftsbilder, Berlin 1891.

*List, Guido von:* Das Geheimnis der Runen, Leipzig 1908.

*List, Guido von:* Die Bilderschrift der Ariogermanen, Leipzig 1910.

*List, Guido von:* Die Ursprache der Ariogermanen und ihre Mysteriensprache, Leipzig 1915.

*List, Guido von:* Urgrund. Eine Einführung in die Gedankenwelt des Wiener Forschers, Berlin o.J.

*Malinowski, Bronislaw:* Magie, Wissenschaft und Religion, Frankfurt am Main 1983.

*Mariel, Pierre:* L'Europe paienne du XXème siècle. Magie noire en Angleterre, Tziganes, Gitans et Romanichels, L'Allemagne paienne. Paris, Genf 1964.

*Maser, Werner:* Adolf Hitler. Legende, Mythos, Wirklichkeit, München/ Esslingen 1989.

*Maser, Werner:* Hitlers Briefe und Notizen. Sein Weltbild in handschriftlichen Dokumenten, Düsseldorf/Wien 1973.

*Mauss, Marcel:* Soziologie und Anthropologie 1. Theorie der Magie. Soziale Morphologie, Frankfurt am Main 1989.

*Meister Eckehart:* Deutsche Predigten und Traktate, München 1979.

*Mellor, Alec:* Logen, Rituale, Hochgrade. Handbuch der Freimaurerei, o.O. 1985.

*Müllern-Schönhausen, Johannes von:* Die Lösung des Rätsel's [sic!] Adolf Hitler. Der Versuch einer Deutung der geheimnisvollsten Erscheinung der Weltgeschichte, Wien 1958.

*Mund, Rudolf J.:* Jörg Lanz von Liebenfels und der Neue Templer Orden, Stuttgart 1976.

*Mund, Rudolf J.:* Die Wiligut-Saga. Der Rasputin Himmlers, Wien 1982.

*Neményi, Géza von:* Heidnische Naturreligion. Altüberlieferte Glaubensvorstellungen, Riten und Bräuche, Bergen a.d. Dumme 1988.

*Nietzsche, Friedrich:* Jenseits von Gut und Böse. Zur Genealogie der Moral. Leipzig 1930.

*Nietzsche, Friedrich:* Werke, Band I, München 1954-56.

*Nietzsche, Friedrich:* Der Antichrist. Versuch einer Kritik des Christentums, Frankfurt am Main 1986.

*Orzechowski, Peter:* Schwarze Magie – Braune Macht, Ravensburg o.J.

*Pauwels, Louis:* Gurdjew der Magier, Bern 1974.

*Pauwels, Louis/Bergier, Jacques:* Aufbruch ins dritte Jahrtausend. Von der Zukunft der phantastischen Vernunft, Bern/Stuttgart 1962.

*Picker, Henry:* Hitlers Tischgespräche im Führerhauptquartier 1941-42, Bonn 1951.

*Platon:* Sämtliche Werke, Band V, Hamburg 1991.

*Popper, Karl R.:* Die offene Gesellschaft und ihre Feinde, Tübingen 1980.

*Rahn, Otto:* Kreuzzug gegen den Gral, Stuttgart 1964.

*Rahn, Otto:* Luzifers Hofgesind, Struckum 1985.

*Rauschning, Hermann:* Gespräche mit Hitler, Wien 1973.

*Ravenscroft, Trevor:* Der Speer des Schicksals, Zug 1974.

*Regardie, Israel:* Das magische System des Golden Dawn. 4 Bände, Freiburg im Breisgau 1987.

*Reitlinger, Gerald:* Die SS. Tragödie einer deutschen Epoche, München 1957.

*Rosenberg, Alfred:* Blut und Ehre. Ein Kampf für deutsche Wiedergeburt. Reden und Aufsätze 1919-1933, München 1938.

*Rosenberg, Alfred:* Gestaltung der Idee. Blut und Ehre, II. Band. Reden und Aufsätze 1933-1935, München 1938.

*Rosenberg, Alfred:* Der Deutsche Ordensstaat, München 1939.

*Rosenberg, Alfred (Hrsg.):* Dietrich Eckart. Ein Vermächtnis, München 1938.

*Rosenberg, Alfred:* Letzte Aufzeichnungen. Ideale und Idole der nationalsozialistischen Revolution, Göttingen 1955.

*Rosenberg, Alfred:* Der Mythus des 20. Jahrhunderts. Eine Wertung der seelisch-geistigen Gestaltenkämpfe unserer Zeit, München 1932.

*Rosenberg, Alfred:* Weltanschauung und Glaubenslehre, Halle a.d. Saale, 1939.
*Rüggeberg, Dieter:* Geheimpolitik. Der Fahrplan zur Weltherrschaft, Wuppertal 1991.

*Safranski, Rüdiger:* Ein Meister aus Deutschland. Heidegger und seine Zeit, München/Wien 1994.
*Scharsach, Hans-Henning:* Haiders Kampf, Wien 1992.
*Schellenberg, Walter:* Memoiren, Köln 1956.
*Schlund, Erhard:* Neugermanisches Heidentum im heutigen Deutschland, München 1924.
*Schuster, Georg:* Die geheimen Gesellschaften, Verbindungen und Orden, Leipzig 1906.
*Schwarzwäller, Wulf C.:* Hitlers Geld. Bilanz einer persönlichen Bereicherung, Rastatt 1986.
*Schwarzwäller, Wulf C.:* Rudolf Heß. Der Stellvertreter, München 1987.
*Sebottendorff, Rudolf von:* Bevor Hitler kam. Urkundliches aus der Frühzeit der nationalsozialistischen Bewegung, München 1933.
*Sebottendorff, Rudolf von:* Geschichte der Astrologie, Leipzig o.J.
*Sebottendorff, Rudolf von:* Die Praxis der alten türkischen Freimaurerei. Der Schlüssel zum Verständnis der Alchimie, Leipzig 1924.
*Sebottendorff, Rudolf von:* Der Talismann des Rosenkreuzers, Pfullingen 1925.
*Serrano, Miguel:* Das Goldene Band. Esoterischer Hitlerismus. Wetter 1987.
*Sheldrake, Rupert/ McKenna, Terence/ Abraham, Ralph:* Denken am Rande des Undenkbaren. Über Ordnung und Chaos, Physik und Metaphysik, Ego und Weltseele. Bern, München, Wien 1993.
*Sloterdijk, Peter:* Kritik der zynischen Vernunft, 2 Bände, Frankfurt am Main 1983.
*Spengler, Oswald:* Der Untergang des Abendlandes, 2 Bände, Wien 1918 und München 1922.
*Steiner, Rudolf:* Gegensätze der Menschheitsentwicklung, Dornach 1967.
*Steiner, Rudolf:* Die soziale Grundforderung unserer Zeit – in geänderter Zeitlage, Dornach 1963.
*Steiner, Rudolf:* Die Mission einzelner Volksseelen im Zusammenhang mit der germanisch-nordischen Mythologie, Dornach 1974.
*Suster, Gerald:* Hitler and the Age of Horus, London 1981.
*Szabó, Zoltan:* Buch der Runen. Das westliche Orakel, München 1985.

*Toland, John:* Adolf Hitler, Bergisch Gladbach 1977.
*Tucholsky, Kurt:* Gesammelte Werke, Reinbek bei Hamburg 1985.

*Völkischer Beobachter,* 6.4.1920 und 23.12.1925.

*Webb, James:* The Occult Establishment, La Salle, Illinois 1976.
*Wilson, Robert A.:* Die neue Inquisition. Irrationaler Rationalismus und die Zitadelle der Wissenschaft, Frankfurt am Main 1992.
*Wirth, Herman:* Um den Ursinn des Menschseins. Die Werdung einer neuen Geisteswissenschaft, Wien 1960.
*Wulf, Josef:* Heinrich Himmler. Eine biographische Studie, Berlin 1960.

*Zweig, Stefan:* Die Welt von Gestern, Frankfurt am Main 1991.